[英国] 雷蒙德 · 瓦克斯 著　谭宇生 译

法哲学：价值与事实

牛津通识读本 ·

Philosophy of Law

A Very Short Introduction

译林出版社

图书在版编目（CIP）数据

法哲学：价值与事实／（英）瓦克斯（Wacks, R.）著；谭宇生译．
—南京：译林出版社，2013.5（2024.2重印）
（牛津通识读本）
书名原文：Philosophy of Law: A Very Short Introduction
ISBN 978-7-5447-3277-2

Ⅰ.法… Ⅱ.①瓦… ②谭… Ⅲ.法哲学 Ⅳ.D90

中国版本图书馆 CIP 数据核字（2012）第 219850 号

著作权合同登记号 图字：10-2014-197 号

法哲学：价值与事实 ［英国］雷蒙德·瓦克斯 ／ 著 谭宇生 ／ 译

责任编辑 许 丹 何本国
责任印制 董 虎

原文出版 Oxford University Press, 2006
出版发行 译林出版社
地 址 南京市湖南路 1 号 A 楼
邮 箱 yilin@yilin.com
网 址 www.yilin.com
市场热线 025-86633278
排 版 南京展望文化发展有限公司
印 刷 江苏凤凰通达印刷有限公司
开 本 890 毫米 × 1260 毫米 1/32
印 张 8.375
插 页 4
版 次 2013 年 5 月第 1 版
印 次 2024 年 2 月第 12 次印刷
书 号 ISBN 978-7-5447-3277-2
定 价 39.00 元

译林版图书若有印装错误可向出版社调换。质量热线：025-83658316

序言

季卫东

珠玉短稿很难写。何况是要介绍高深玄妙的西方法哲学在上下两千年里枝蔓演变的全景，仅限于八万余字的篇幅，更不免让人产生“一部二十四史不知从何说起”之类的慨叹。但雷蒙德·瓦克斯教授的牛津法哲学袖珍本，在删繁就简上却处理得非常精彩。因为作者长期在非西方社会执教，对异文化间的语言沟通和相互理解颇有心得，所以无论行文还是释义都做到了深入浅出、融会贯通。其中很多比较、分析、点评于平白处见奇崛，散发着让读者欲释卷而不能的魅力。

这本小册子以自然法学派与实证法学派之争以及超越两者立场的综合法学派的勃兴为经，以法的实质、法律与道德的关系、作为法律理念的正义、权利的认定和保障、法律思考和解释、司法判断等最基本的理论问题为纬，编织出一片锦绣鸟瞰图，把西方法哲学的来龙去脉、精髓以及当前趋势展示得非常清晰准确。关于 1970 年代以来的精神变局，作者追根溯源于德沃金式的第三道路，认为正是他的那个综合性理论导致了法哲学基础的丕变——这是很有洞察力的独到见解。也就是说，在自然法学与实证法学之间的张力因整体化而减弱乃至消失之后，法与社会之间的张力势必逐渐凸显出来，其结果，各种社会理论以及来自外部的观察和批判势必长驱直入，使得西方法哲学中的各种思想潜流和异端空前活跃。

从写法上看，瓦克斯教授善用类似水墨画“飞白”那样的表现技巧，在避免老生常谈、冗赘叙述的同时，也给读者留下了想象和领悟的余地。例如在第一章开头部分，不谈众所周知的纳粹法律事象对战后自然法复兴的影响，而是以国际规范的伦理化倾向和理性思维带出人权外交诉诸自然法的现实。接着笔锋一转，指出“自然法理论的复兴或许暗示着，几个世纪以来我们在解决这些伦理问题方面并没有多大进展”。一句话，留下无穷的意蕴。于是也就顺理成章地开始概述自亚里士多德、西塞罗以来自然法学说的历程，并在春秋笔墨的勾勒之中，对迄今为止围绕自然法哲学的问题状况给出了极其简洁而完整的界定。

该书还有一个特色，就是以速写方式描绘出不仅形似而且还神似的思想肖像，并使不同的法哲学家相映成趣。我很欣赏作者把霍布斯提出的自然法则理解为现代意义上的生存权保障的制度设计的视角，还有他在霍布斯与洛克之间设置的几个对比：实现天赋人权是需要全能政府还是有限政府、自然法来源于天赋人权还是天赋人权来源于自然法，等等。关于法律实证主义的本质，瓦克斯教授是以两个核心思想来把握的，即（1）法律就是命令的古典观念（代表性论者是边沁、奥斯丁），（2）任何法律的有效性都要上溯到一个客观而可以证实的渊源的现代科学观念（代表性论者是凯尔森、哈特）。为了与自然法学派进行对照，他还给出了一个概括性的判断：“大多数实证主义者都批评法律并且提出一些方法来对法律进行改革，这些通常都涉及道德判断。但实证主义者的确都认为，分析和理解法律的最有效方法是暂不进行道德判断，直到我们确定我们试图去弄清楚的是什么”。寥寥数语，却很全面而公允，把实证法学派的基本特征刻画得入木三分。

尤其值得注意的是对扬弃了自然法哲学与法律实证主义的综合法学派主张的分析。在这一部分，作者把德沃金营造出来的抽象建筑物理解为“一种解释程序”——道德与法律的关系问题，在这里都被纳入按照程序和论证规则进行议论和解释的范畴。也就是说，根据这个理论框架，任何法律在适用之际都必须进行解释性论证，而任何解释都难免伴随着价值判断，因此试图严格区分道德与法律的实证主义做法是徒劳无功的。显而易见，这样的理论更有利于在司法实践中保障个人的权利和自由。尽管如此，作者却强调了一个通常遭到忽视的有趣事实：德沃金关于法律体系正当性的思想的立足点其实并不是个人，而是“社群”或者“社团”；因而平等被赋予了优于自由的地位。这个指摘出乎常人的意料却合乎原著的道理，可谓独具慧眼和匠心。

对一个如此精简的通识读物是不应该求全责备的。何况剪裁思想史资料，本来就很容易引发仁者见仁、智者见智的歧见，不妨任其取舍。尽管如此，我还是要不顾吹毛求疵之讥，对该书的缺点也略举一二。首先，考虑到黑格尔在引进自由的辩证法、对近代市民社会的批判性考察和反思以及解决主体意志的冲突导致无序化问题等方面的重大贡献，我认为全书对黑格尔的法哲学不置一词是难以理解的。其次，在关于法与社会的部分，除了唯物史观之外并没有涉及关于文明进化、各种文化和民族的互动以及精神结构史观的法学思考，轻视了亨利·梅因、弗里德里希·萨维尼们的哲理成就及其对自然法学派与实证法学派之间力量对比关系的微妙影响，令人遗憾。另外，就当代法哲学而言，古斯塔·拉托布鲁夫的价值相对主义法哲学也属于一种综合理论，其中关于法律和正义之间的难忍矛盾公式以及执意不正公式在实体性标准的层面为超越自然法哲学与法律实证主义的对立提供了津梁，最好能参照富勒的指标体系化自然法程序、德沃金的解释程序、哈贝马斯的商谈程序等思路一并讨论。

然而瑕不掩瑜。可以说，这个小册子的确是西方法哲学的优秀向导。面对秩序、规范以及公平等复杂的社会问题，先哲们究竟是怎样思索和探讨的、已经达到什么样的认识高度，相关的理论成果是应该被不断回顾和推敲的，当代人可从这样的思想反刍中获得丰富的启迪、发现崭新的契机。本书为此提供了必要的、中肯的梗概，值得向大学低年级本科生、法律实务家以及其他各界人士推荐。是为序。

2008 年盛夏于神户

目录

前言

简洁是一种美德，但这种美德却通常与法律无关，更不用说法律工作者。法律文献也从不避免它的繁重与冗长。法律书籍是厚重的，法哲学著作同样趋于大部头和沉甸甸的。也许这是一种无法避免的恶。实际上，我自己最近完成的一本学生用书《理解法理学：法律理论引论》（牛津大学出版社，2005），书的重量几乎达一磅半，也就是六百克，全书将近四百页。

然而，本丛书却责成其作者要“瘦身”、浓缩、精简——同时对书的主题的阐述又不可过于简单。无须赘言，从法哲学中提炼出最精华的部分是一件野心勃勃的事，但我还是希望这并非完全是一种幻想。这本小书的目的在于为一般读者提供对法哲学核心问题一种生动而易于理解的指引，力求去阐明经常令人困惑的法律概念以及法律与正义、权利和道德等普世性问题之间的关系。

我非常感激伦敦大学学院法哲学教授斯蒂芬·格斯特审阅了全书的手稿并提出了几点对我很有帮助的评论与意见。当然，他对我在书中可能出现的错误绝不负有任何责任。与牛津大学出版社同仁合作总是一件非常愉快的事。我尤其要感谢玛莎·菲利翁、詹姆斯·汤普森、德博拉·普罗瑟罗以及简·罗布森。

我非常感谢我的妻子佩内洛普给我的爱、鼓励和支持。她的话对我来说就是法律。

引言

法律问题经常见诸报端并引发争论。虽然法学家和政治家赞赏法治的优点,改革家却对法律的不足之处感到遗憾,愤世嫉俗者也对声称法律即是正义的说法表示质疑。但是所有人都承认法律是促进社会变革的手段,而且很少有人怀疑法律在我们的社会、政治、道德以及经济生活中的核心作用。

但何者谓之法律?法律是否包含了一套合乎自然的普遍道德法则(参见第一章)?或者法律是否仅为很大程度上是由人制定的有效的规则、命令或者规范的集合(第二章)? 法律是否有某种特定的目的,诸如保护个人权利(第三章)、实现正义(第四章)或经济、政治和性别平等(第六章)?法律能否脱离其赖以运行的社会背景(第五章)?

许多问题有待试图揭示法律之概念和功能内涵的人们去解决,上述问题只是管中窥豹。这些问题贯穿法哲学整个领域,详细描绘这幅宽广的蓝图是令人畏惧的任务。我只希望在有限的篇幅里,能仅仅阐明法哲学最突出的外在特征。为达到这个目的,我将叙述重点放在最主要的法学理论上,因为这些理论提供了了解古典和当代法学思想最好的入门渠道。

这种写作方法绝非意图贬损另一种策略的价值,后者试图阐明困扰法哲学良久的诸多概念性、解释性问题。实际上，本书第四章就致力于探讨两个最重要、最困难的问题：权利和正义。其他摆在法理学家面前的繁杂问题包括先例原则（根据该原则，法院本身一定要受高级别法庭裁决的约束）、遵从法律的道德义务、法律人格的概念、因果关系和责任的复杂性以及各种各样的刑罚学说。所有这些内容都包含于法学理论的大范畴内，但是，尽管其中有些内容在以下章节中会间接地涉及，鉴于篇幅，这些问题还是没有纳入本书的论述范围。

虽然本书承诺对**法哲学**进行非常简单的介绍，在概念上我是交换使用“法哲学”与“法律理论”“法律哲学”“法理学”的。但严格来说，“法理学”关注的是对法律进行最抽象的理论分析（例如关于权利、义务的性质、法律推理等问题，这些问题经常暗含在实体法分支中）。“法律理论”通常用来指对法律的理论探究，此处所说的“法律”比法律专业学者所理解的法律（例如马克思主义者对法律控制的研究方法）范围要宽泛。“法律哲学”，正如其名称所暗示的那样，通常是从哲学学科的观点着手来进行研究（例如，它试图解决可能会令道德哲学家或政治哲学家困惑的一类问题，诸如自由或者权威的概念）。但当代作者往往几乎不考虑这些细微的区别；现代法哲学的研究范畴几乎没有界限。

法律理论远不同于法律剧目。但即使是耸人听闻的刑事审判——无论是真实的还是虚拟的——都已成为荧幕上的常客，它们集中描述出一些让法哲学家争论不休的法律特征。它们在道德和法律责任、刑罚的正当性、损害的概念、司法功能、正当程序等诸多方面提出了一些棘手的难题。不难说明的是，法哲学绝非一种抽象而不切实际的研究。

没有一种连贯一致的法律概念与法律原理，任何社会都无法得到恰当的理解或解释。法律的社会、道德、文化基础以及贯穿其中并解释它们的理论，和法律的“黑体字”一样重要。法律理论宽广的范畴里有许多主题，其中之一就是法律本身的定义。显而易见，在开始探究法律的本质之前我们需要阐明，当说到法律这个经常让人难以捉摸的概念时，我们到底意指什么。如果我们对自己正在讨论的东西到底是什么这一点没有一些共识，就很难对法律和法律制度进行分析。具有建设性的第一步是要区分描述性和规范性的法律理论。

描述性法律理论试图解释法律是什么、为什么以及法律的重要性。规范性法律理论则关注法律应当是什么。换句话说，描述性法律理论是关于事实的理论，而规范性法律理论则是关于价值的理论。描述性法律理论有三种主要类型。首先是“原理性”方法论，该种理论的提出是要阐明某个特定的法律原理。比如，表达自由可通过法庭对言论自由限度的裁决来得到证成。原理性法律理论试图回答的问题如“这些案子能否被一些基础理论所阐明？”其次，描述性法律理论可以是“解释性”的，这种理论试图解释为什么法律是现在这样的。马克思主义法律理论在这种意义上来说就是“解释性”的，因为这种理论把法律解释为表达了统治阶级的利益（参见第五章）。第三种描述性法律理论关注的是从某一套法律规则中所产生的结果。如法律的经济分析（参见第四章）会评估对机动车辆制造商施加一种严格责任制度可能产生的成本。

规范性法律理论关注的则是价值。例如，一种规范理论也许会试图确认为了保护消费者，是否应实施机动车辆制造商的严格责任制。这样做是否公平或公正？规范性法律理论因此必然与道德或者政治理论联系在一起。为追求对法律的价值评判，规范性法律理论可能要么是“理想的”，要么是“非理想的”。前者涉及当法律规则在政治上可实现时，什么样的规则将产生最佳法律制度。后者则预设了对选择法律规则的多种限制，如执行这些规则所存在的困难。

但是，这两种法律哲学之间并没有非常明确的界限。规范性理论可以依赖描述性理论来获得其理论支点。由此，如果不对某个特定规则的适用所产生的结果进行描述性说明，功利主义规范理论（参见第四章）便很难得到证明。如果不对结果进行描述，功利主义者将如何知道规则 X 产生最大的幸福（结果 Y）？同样，描述性法律理论也可以在预测（比如）法律变革成功的可能性的基础上限制引起这种改良的规范性法律理论。

我们也将同样看到（在第三章）规范性理论和描述性理论如何结合在一起，从而产生了一种法哲学的混合体。例如，罗纳德·德沃金的“作为整体的法律”理论中，就存在着描述性规则理论和规范性理论目标的融合。在主张法律理论应当同时“适用于”并“证成”法律素材时，德沃金的法律即一种解释性概念的理论似乎允许描述性规则理论与规范性理论的结合。

我们生活在一个繁难四起又不甚公平的世界。也许这个世界向来如此。面对邪恶与不公，当反思法律确切的本质与功能时，我们很容易陷入含混不清的过分简单化及花言巧语般的诡辩。对法律的基本性质、正义以及法律概念的含意作清晰的分析和严谨的法学沉思是不可或缺的。法律理论在阐释维系我们生活方式的价值标准和理想并为之辩护方面应起到决定性的作用。

第一章

自然法

“它就是不对的。”“它不符合人的本性。”你听到过几次针对某种实践或行为的诸如此类的看法？这些看法的意思是什么？当人们责备堕胎行为不道德或者声称无法容忍同性婚姻时，其根据何在？关于对错善恶，是否存在一个客观的可确证的标准？如果答案是肯定的，我们又如何能找到这种标准？

道德难题充斥着我们的生活并成为政治、法律争论的题材。而且，自联合国成立以来，各种国际宣言和国际公约日益反映了国际关系，尤其是人权领域中的伦理趋向。其中，多数国际宣言和国际公约都诉诸自然法未予言明的假设，即确实存在一套道德真理，只要我们应用自己的理性思维，所有人都能发现。

自亚里士多德以来，伦理问题就已理所当然地萦绕于哲学家们的心头。自然法理论的复兴或许暗示着，几个世纪以来我们在解决这些伦理问题方面并没有多大进展。

按照一位重量级的自然法学家的说法，“对自然法最好的描述就是它为法律与道德的交点提供了一个名称”。其主张简单说来就是：本然的即为应然的。约翰·菲尼斯在他那本脍炙人口的《自然法与自然权利》一书中主张，当我们试图解释法律是什么的时候，不管愿意与否，我们都在假设什么是“善”的：

图 1 同性恋、同性"婚姻"以及对配偶不忠违反了自然法的法则。

> 人们经常认为在对法律这种社会机制进行评价时，要想做到完全、彻底，就必须对其进行如实的、不带价值判断的描述与分析。然而现代法理学的发展表明，任何一个理论家都无法对社会事实进行理论上的描述与分析，除非他同时进行价值判断并理解什么对于人们而言是真正的善，什么是实践合理性所真正要求的。对任何社会科学方法论的反思也确证了这一点。

这是分析自然法的一个有力的根据。它认为我们在识别**善**的时候所运用的智慧与我们在确定何物**存在**时所用的智慧是不同的。换句话说，要理解自然法体系的性质和影响，我们必须承认这种体系揭示出了不同的逻辑。

借用斯多葛学派哲学理论，古罗马法学家西塞罗有效地指出了所有自然法哲学的三种主要构成要素：

> 真正的法律是与自然相一致的正确的理性；它普适、恒常、永续……去改变这种法律是一种罪过，也不允许试图限制它的任何部分，而完全废除它则是不可能的……（上帝）是这种法律的制定者、公布者和执行法官。

这里强调的是自然法的普遍性和永恒性、自然法作为一种“更高级别”的法的地位及其可通过理性思考来发现的特点（正是在这种意义上它是“自然的”）。古典自然法学说曾被用来证明革命与反抗的正当性。公元前6世纪，古希腊人将人法描述为其重要性源于主宰一切的命运的力量。这种保守观点很容易被用来证明不公正现状的合理性。然而，到了公元前5世纪，人们已承认自然法与人法可能存在某种冲突。

相比自然法，亚里士多德更多地关注自然正义与约定正义的区别。然而如前所述，正是古希腊斯多葛学派特别关注自然法的概念，因为这里的“自然”之所指与理性一致。斯多葛学派的观点体现在古罗马法学家所持的态度中（由西塞罗表述出来），后者至少在理论上认为，不遵从“理性”的法律不能被视为有效。

我们今天所理解的自然法哲学由天主教完整地表述出来。早在公元5世纪，圣奥古斯丁就问道：“如果没有正义，国家除了强盗泛滥、土匪日增还会是何面目呢？”但对自然法最重要的阐释见诸多明我会修士圣托马斯·阿奎那（1225—1274）的著作。其代表作《神学大全》包含了基督教学说对这个问题最全面的论述。阿奎那区分了四种法律：永恒法（只为上帝所知的神的理性）、自然法（永恒法参与到理性动物中来，可为理性所发现）、神法（由宗教典籍所揭示）以及人法（为理性所支持，其制定是为了共同善）。

阿奎那的理论中有一个方面尤其引起了人们的关注和争议。他说道，一部"法律"如果不符合自然法或神法就根本不是法律。这就是通常所说的"恶法非法"①（不公正的法律不是法律）。不过现代学者认为阿奎那自己从没有这样主张，他只是援引了圣奥古斯丁的说法。柏拉图、亚里士多德和西塞罗也表达了类似的观点，但这个主张与阿奎那的联系最紧密，因为他似乎已经表达了如下观点，即与自然法的要求相冲突的法律就失去了道德上的约束力。换言之，一个政府如果通过颁布不公正的法律（不合理或者违反公共善）来滥用其权力，它就会丧失要求人们服从的权利，因为这样的政府缺乏道德权威。阿奎那称这种不公正的法律为"堕落之法"。但他似乎并没有支持这样一种观点，即人们不服从不公正的法律总是正当的。因为虽然他确实声称如果统治者颁布不公正的法律则"其臣民没有义务去服从"，但他同时又谨慎地说道，"或许在某些特殊情况下，诸如事关避免丑闻"（即对他人而言是一种具有腐蚀性示范作用的典型）或者避免国内的无序状态时要另当别论。

到了 17 世纪，欧洲范围内对法律尤其是国际公法所有分支学科的阐释都声称是建立在自然法基础上。人们通常把胡果·德·格鲁特（1583—1645），或者一般称其为格劳秀斯，与自然法的世俗化联系在一起。在他那本极具影响力的著作《战争与和平法》中，格劳秀斯认为，即使上帝不存在，自然法仍然有

① 原文为拉丁文。——编注

着同样的内容。这一点被证明是发展中的国际公法学分支的一个重要基础。也许格劳秀斯是指某些事物“从本质上来说”就是错的——无论上帝是否对它们有所安排;因为,用格劳秀斯自己的比喻来说,即使是上帝也无法使二乘以二不等于四!

18 世纪威廉·布莱克斯通爵士的《英国法释义》标志着自然法在英国得到认可。布莱克斯通(1723—1780)在他那本伟大的著作中开篇就宣称英国法的权威源于自然法。但是,尽管他求助于实证法的这种神学渊源,甚至还认为它可以使已颁布的与自然法相悖的法律无效,但他对法律的论述实际上并没有体现自然法理论。不过,布莱克斯通尝试给实证法披上一层源于自然法的合法性外衣的努力招致了杰里米·边沁的批评, 根据后者的描述, 自然法与其他事物相比 “不过是一种臆想的产物” (参见第二章)。

阿奎那支持的是一种相当保守的自然法观点。但自然法的原则却曾被人们用来证明革命——尤其是美国革命和法国革命的合理性,其根据是法律侵犯了个人的天赋权利。因而,美国反对英国殖民统治的革命斗争就建立于对全体美国人天赋权利的诉求,用 1776 年美国《独立宣言》的崇高措辞来表达就是,对“生命、自由和追求幸福权利”的诉求。正如宣言所示,“我们认为下面这些真理是不证自明的:人人生而平等,造物主都赋予了他们某些不可剥夺的权利”。同样,1789 年 8 月 26 日法国《人权与公民权利宣言》也包含了一些激励人心的观点,并提及人类的某些“天赋权利”。

自然法在许多契约理论中得到应用,这些理论按照一种社会契约的形式来构想政治权利和义务。这种社会契约并非严格法律意义上的契约,而是表达了一种观念,即一个人服从另一个人的政治权力必须以前者的同意为条件。这种研究方法在自由主义思想中依然颇有影响力，尤其是约翰·罗尔斯的正义理论(参见第四章)。

天赋权利:霍布斯、洛克与卢梭

尽管托马斯·霍布斯(1588—1679)因其名言生命是"孤独、贫困、卑污、野蛮和短暂的"而被世人铭记,但在其名著《利维坦》一书中，霍布斯实际上是说这是形成社会契约前人类的生存状态,即自然状态。他认为自然法教会我们自我保全的必要性:要维护秩序与安全,我们就需要法律与政府。因此在社会契约下，我们就必须让渡天赋自由以创造一个秩序井然的社会。霍布斯哲学因而有点极权主义的色彩,将秩序置于正义之上。特别是,他的理论(实际也是他自己承认的目的)就是要消解反对(即使是邪恶的)政府的革命的合法性。

在霍布斯看来,我们的每一个行为,即使表面上是友善的或者利他的,实际上也是自私的。因此,我捐款给慈善机构实际上是我享受自己权力的一种方式。他认为,对人类行为包括道德的准确解释必须承认我们本质上的自私性。他在《利维坦》中对人们在政府形成前的自然状态中会如何行事感到好奇。他承认我们每个人无论是就体力还是智力来说，本质上都是平等的：即使最弱者——在适当武装后——也有实力去杀死最强者。这种平等,他阐释道,就导致了纷争的产生。他认为,我们有争吵的倾向,原因主要有三点:竞争(因为物质财产供给的有限性)、不信任和荣誉(我们为了维护自己很高的声誉而总是持敌对态度)。由于我们生性喜欢争吵,霍布斯得出结论认为我们处在一种一切人对一切人的永久战争的自然状态中,在这种状态下没有任何道德可言，所有人都生活在永无休止的恐惧中。

在这种战争状态结束前，每个人对一切事物都享有权利，包括有权剥夺他人的生命。霍布斯认为，单从人类的私利和社会契约出发，人们可导出相同类别的法则，这些法则被自然法学家视为自然界永远不变的法则。霍布斯断定，为了逃避自然状态下的恐惧，和平就是第一条自然法则。

第二条自然法则是我们相互放弃某些权利（如剥夺他人生命的权利）以实现和平。这种权利的相互让渡是一种契约并且是道德义务的基础。霍布斯没有幻想仅仅通过缔结契约就能确保和平。这种契约必须得到践行——这是霍布斯的第三条自然法则。

霍布斯承认，由于人是自私的，出于私利的考虑我们便很有可能违约。当我觉得不会被发现时，我或许就会违反约定去偷你的东西，而你也能意识到这一点。为避免违反我们彼此间的义务，霍布斯主张，唯一的方法就是将一种无限权力授予一个政治主权实体，如果我们违反契约，就会受到这个实体的惩罚。此外，也纯粹是因为一种自私的原因（结束自然状态），我们同意设立一个拥有制裁权的权力机构。但霍布斯坚持认为只有当这种主权实体存在时，我们才能客观地裁决对与错。

霍布斯还用其他几条独立法则来补充上面三条，比如第四条法则（对那些遵守契约的人表示感激之情）。他总结说，道德完全由这些自然法则组成，这些法则通过社会契约而得以实现。这种对天赋权利的解释与古典自然法所支持的观点大相径庭。但霍布斯的这种阐释可以被设计成一种天赋权利的现代观点，其前提是人人都有保全自己生命的基本权利。

约翰·洛克（1632—1704）所描述的没有社会契约的人类生

存状态绝非如霍布斯所述的噩梦。洛克主张，社会契约产生前的生活非常美妙——除了一个重要的不足：对财产的保护不够充分。因此，对洛克而言（尤其是在《政府论两篇》中），正是为了矫正这个缺陷，使自然状态下所有方面都如诗歌般美妙，人们才通过一种社会契约来放弃某些自由。洛克的理论依赖于对上帝之下人类权利与义务的阐释，这使人联想到阿奎那的一些基本假定。该理论试图细致地去解释社会契约的生效及其条件。洛克的理论是革命性的（他承认人们拥有推翻暴政的权利），而且还极力强调拥有财产的权利：上帝拥有整个世界并将其给予我们去享受，因此财产权本不存在，但是当劳动者将其劳动与物质客体“混合”在一起时，他就取得了对自己创造出来的物的权利。

洛克对私有财产的看法极大地影响了美国宪法的起草者。因此人们把洛克看作现代资本主义的先驱，对他的评价因而毁誉参半。

在洛克看来，社会契约保全了生命、自由和财产的天赋权利，同时，个人权利的享有——对幸福的追求——使得市民社会产生了共同善。对霍布斯而言，天赋权利是第一位的，自然法则源于天赋权利，而洛克则认为天赋权利源于自然法，即源于理性。霍布斯察觉到一切人对一切物的一种天赋权利，洛克则主张我们对自由的天赋权利受到自然法及其所要求的我们不能在“生命、健康、自由或财产”方面相互伤害之命令的限制。洛克主张一种有限政府：在他看来，政府分支机构间的制衡以及立法机构中的真实代表会令政府最小化，同时让个人自由最大化。

在让-雅克·卢梭（1712—1778）的理论中，自然法的地位没有社会契约理论来得重要。与霍布斯和洛克相比,卢梭的理论更形而上,他的社会契约(见于其《社会契约论》)是个人和社群之间的一种协议,通过这种协议,个人成为卢梭所称的"公意"的一部分。在卢梭看来,某些天赋权利是不能剥夺的,但是通过赋予"公意"一种绝对的立法权威,法律就可以合法地侵犯这些权利。实际上,如果政府代表了这种"公意",它就可以做几乎任何事情。卢梭虽然热衷于参与式民主,但同时也愿意授予立法机构一种实质上不受限制的权力,因为立法机构反映了"公意"。因而,卢梭本身就是一个矛盾体:一个民主极权主义者。

自然法的兴衰

因两个"劲敌"的出现,自然法理论的影响逐渐衰退,尤其在 19 世纪。首先,我们将在下一章看到,法律实证主义的理念构成了与自然法思想强有力的对抗。其次,认为在道德思考中不可能存在理性解决方案的观点(伦理学中的所谓"不可知论")也引起人们对自然法的一种深刻的怀疑主义:如果我们无法客观辨别对错,自然法则就不过是一种主观判断罢了——因而他们就无所谓对错。

大卫·休谟(1711—1776)在其《人性论》中首次注意到道德家试图从"是"中导出"应当":我们不能仅仅因为实际上存在某种情势就断定法律应当采取某种特定的方式。根据这个论点,下面的三段论是错误的:

所有动物都繁衍后代(大前提)

人类是动物(小前提)

所以人类**应当**繁衍后代(结论)

休谟试图说明,关于这个世界或人性的事实不能用来决定什么**应当**做或者什么不应当做。当代一些自然法学家虽然也承认上述三段论确实是错误的,但否认古典自然法试图照此从"是"中推出"应当",对于这一点我们可参见下文所述。

20世纪见证了自然法理论的复兴。这在战后对人权的承认和一些国际宣言如《联合国宪章》、《世界人权宣言》、《欧洲人权公约》以及《1959年德里法治宣言》(参见第四章)对人权的表述中可见一斑。自然法不再被视为宪法意义上的、可使普通法律无效的"高位阶的法",而是被看成衡量制定法的一种标准。

对纳粹高官的纽伦堡审判重申了自然法理念。审判中适用了这一原则,即某些行为即使没有违反制定法的规定也同样可构成"反人类罪"。审判法官虽然没有明确适用自然法理论,但他们的判决反映出对这一原则的承认与重视:法律并不必然是决定正义的唯一因素。

另一个重要发展,是在各种司法过程中对人权或公民权利制定宪法保障条款(如美国权利法案及美国最高法院对其作出的解释)。

法律理论也同样促进了自然法理论的发展。朗·富勒的"法律的内在道德"(见下文)、H. L. A.哈特的"最低限度的自然法"(见第二章)以及最重要的,当代自然法学家如约翰·菲尼斯的著述(见下文)都在自然法的复兴中发挥了重要作用。

图 2 对纳粹战犯的纽伦堡审判适用了如下原则，即某些行为即使没有违反制定法的特定条款也构成“反人类罪”。

朗·富勒:“法律的内在道德”

美国法理学家朗·富勒(1902—1978)引人注目地提出了一种世俗的自然法观点,认为法律具有一种“内在道德”。借此他是指一种法律体系有一个特定目的,即“使人的行为服从规则的约束”。由此便可得出,在这个有目的的事业中法律和道德存在着必然的联系。

富勒讲述了一个虚构的雷克斯王的“道德”故事及导致其未能制定法律的八个因素:(1)他根本未能制定规则,因此每个问题的解决必定是临时完成的;(2)他没有公开那些期望其臣民去遵守的规则;(3)他滥用立法权制定有追溯力的法律(例如,在周一是合法的行为到了周二却被认定为非法);(4)他的规则让人无法理解;(5)他制定的规则相互矛盾;或(6)该规则所要求的行为超出了受影响当事人的能力;(7)他频繁更改规则导致其臣民无所适从;(8)他未能实现已宣布的规则与其实际执行之间的一致性。

倒霉的雷克斯王之所以失败是因为他忽视了富勒的八项原则:

1. 普遍性
2. 颁布
3. 不溯及既往
4. 明确性
5. 不矛盾
6. 有遵守的可能性
7. 稳定性

8. 官方行为与已颁布规则的一致性

富勒的结论是，只要一个制度不符合上述任何一个原则，或者实际上未能做到上述几点，就不能说在那个社会中存在着“法律”。但是，虽然他坚持认为这八项原则是**道德性**的，这些原则似乎实质上只是一些关于有效立法的程序性指南。尽管如此，有人还是会认为这八项原则在政府与被统治者之间含蓄地建立起了公平，因此排除了邪恶的政体。

然而，一般的观点却认为遵守富勒的八条“必备原则”仅能保证法律制度的有效运行；既然这不能作为道德标准，一个邪

图 3 对种族隔离和种族歧视的合法执行在种族隔离时代的南非达到了顶点。

恶的制度因而便可以同样轻易地通过其检验。确实,可以说为了追求效力,一个邪恶的法律制度事实上也可能**力图**满足富勒的八原则。毫无疑问,实施种族隔离政策的南非统治者在制定和实施其备受谴责的法律时就试图去遵守程序上的精确性。

当代自然法理论:约翰·菲尼斯

牛津法学理论家约翰·菲尼斯(1940—)复兴并细致研究了阿奎那的自然法原则,这一点人们通过他的《自然法与自然权利》一书比较容易了解。这本书是重述古典自然法学说的重要代表,尤其是该书应用到了分析法学理论,而我们在下文中将会看到,分析法学理论通常被认为是自然法学说的对立面。

领会菲尼斯著述的意图非常重要。他否认大卫·休谟的实践理性观念,这种观念主张我做一件事情的理由仅仅是从属于我想达到某种目的的愿望。理性仅使我明白如何最佳达成我的愿望,而并不能告诉我应当期望什么。菲尼斯更欣赏亚里士多德的基本思想:一种值得付出的、有价值的、可欲的生活由何者构成? 他列出的清单包含了七项他所称的"人类兴旺的基本形式":

1. 生命
2. 知识
3. 游戏
4. 审美体验
5. 社交(友谊)
6. 实践合理性
7. "信仰"

这些是有助于实现美满生活的必备特点。每一点都因其一直支配着人类社会而具有普遍性，并且每一点都有其内在价值，因为我们珍惜它的原因在于其本身，而非仅仅为了获得其他的善。道德信仰的目的是为了提供一种伦理结构以追求这些基本善。这些原则方便我们在各种互有抵触的善中进行选择，同时使我们能阐明在追寻一种基本善的过程中我们被允许去做的事情。

人类要兴旺就需要这些基本善，尽管人们可以轻易地扩充这份清单的内容。需要注意的是菲尼斯此处所说的“信仰”，并不是指有组织的宗教，而是指精神体验的需要。菲尼斯用下列九项“实践合理性的基本要求”将这七种基本善结合起来：

1. 对善的积极追求
2. 前后连贯的生活规划
3. 对价值的偏爱不武断
4. 对人的偏爱不武断
5. 客观与承诺
6. 与结果的关系（有限）：理性中的效率
7. 每次行动中对每种基本价值的尊敬
8. 对共同善的需求
9. 遵循良心行事

这两份清单共同构成了普遍永恒的“自然法原则”。菲尼斯表明，这个观点符合托马斯·阿奎那所信奉的自然法的一般概念。并且，他还声称这个观点不会成为休谟不可知论（见前文）

抨击的对象——这些客观善是不证自明的；它们并不是从关于人性的任何描述中推断出来的。比如，“知识”比无知更可取是不证自明的。即使我驳斥这个观点，主张“无知是福”，不管愿意与否我也将不得不承认我的观点是有价值的，因此就得承认知识确实是好的，这样便陷入了自我驳倒的境地！

菲尼斯认为，自然法理论最为重要的基本原理似乎是确定“对人类而言何者为真正的善”。只有形成一个共同体我们才能追求人类善。领导人的权威正源于他为那个共同体的最大利益服务。因此，如果他制定不公正的法律，由于这些法律阻碍了共同善的实现，因而就缺乏直接的道德约束力。

通过诉诸共同善的概念，菲尼斯也逐渐形成了自己的正义观。他主张的正义原则仅仅意味着人们应当促进其共同体的共同善这样一种普遍要求。基本善和方法论上的要求应当阻止大多数形式的不正义的产生；它们产生几条绝对义务，这些绝对义务与绝对天赋权利相关联：

> 我认为，没有其他选择而只能在想象中维持人们在共同体中的性格、行为和互动的某种模式或者一系列模式，然后选择趋于支持该种模式或者一系列模式的对权利的详述。换言之，**在促进而非阻碍个人兴旺的某种形式的（或者一系列形式的）公共生活中，人们需要具有某种人类善的观念**。人们不仅关注在抽象意义上或者个别意义上可取的性格类型，而且也关注人与人之间互动关系的性质；人们不应试图实现某种模式化的“目标状态”，这种“目标状态”是对个人行动与互动过程抽象化的一种想象。而个人行动与互动过程对人类善来说是不可或缺的一部分，它

使得未来难以逆料，更不用说去评价未来了。

这段话抓住了菲尼斯天赋权利观的实质。它包含了如下权利：不受酷刑、不将人的生命作为实现其他目的的手段、不受瞒骗、不因明显虚妄的控诉而被宣告有罪、不被剥夺生育能力以及“在对共同善所要求的事项进行评价的过程中获得恭敬考虑”的权利。第四章将对正义的概念作进一步分析。

菲尼斯强调，自然法的第一条原则并非从任何事物——包括事实、深思熟虑的原则、对人性或者善恶本性的形而上学的陈述或者自然的目的论观念——中演绎式地推导出来的。在菲尼斯看来，阿奎那解释得很清楚：我们每个人“可以说通过从内心深处体验自己的本性”以及“通过一种本真的非推论性理解”来领会“个体体验到的趋向的目标是一种普遍形式的善的个例，我们自己是如此（他人亦然）”。对阿奎那而言，去探究在道德上何者正当就是去追问何者**合理**，而非追问何者与人性相一致。

自然法的核心主张遭到法律实证主义者的抵制，他们否认一个规范的法律效力**必定**要依赖其本质的道德性。下一章将考察这种观点。

第二章

法律实证主义

设想一下一个强有力的君主向其臣民颁布命令。臣民有义务按照君主的意愿去行事。法律即命令的观念是古典法律实证主义的核心思想，并得到该流派两位伟大的旗手杰里米·边沁和约翰·奥斯丁的支持。现代法律实证主义者对法律的概念这个问题采取了一种相对而言更为复杂深奥的态度，但和其卓越的前辈一样，他们也否认上一章所述的自然法学关于法律和道德之间存在关联的观点。自然法学家主张法律由一系列的命题组成，这些命题是通过一种推理的过程从自然中引出的。法律实证主义者对自然法学家的这个观点提出强烈反对。本章即对这一重要法律理论的主要内容进行阐述。

"实证主义"(positivism)一词源于拉丁文 *positum* ，意思是指制定或颁布的法律。一般而言，法律实证主义的核心观点是任何法律的有效性都要上溯至一个客观的可确证的渊源。简言之，如同科学实证主义，法律实证主义拒斥自然法学家所持的以下观点，即法律独立于人的立法行为而存在。通过本章的阅读我们将清楚地发现，边沁和奥斯丁的早期法律实证主义认为法律源自主权者的命令。H. L. A.哈特注意到一种承认规则，这种规则将法律与其他社会规则区分开来。汉斯·凯尔森则证明了一种使宪法有效的基本规范。法律实证主义者还经常声称把法律和道德联结起来毫无必要，对法律概念的分析则是值得研究下去的，并且这种分析与社会学和历史学的探究以及严格的价值评判是截然不同的(尽管并非是对立的)。

法律实证主义者之间最重要的共同观点是，出于研究与分析的目的，制定法应当与道德上应然的法律区分开来。换句话说，必须在“应当”(道德上可取的)与“是”(实际存在的)二者之间划分清楚。但由此并不能得出结论认为法律实证主义者对道德问题无动于衷。大多数实证主义者都批评现存的法律并且提出一些方法来对法律进行改革，这些通常都涉及道德判断。但实证主义者的确都认为，分析和理解法律的最有效方法是暂不进行道德判断，直到我们确定我们试图去弄清楚的是什么。

人们经常认为法律实证主义者持有这样一种主张：不正义或者邪恶的法律也是法律，因此必须得到服从。法律实证主义者并不必然认同这种主张。实际上，边沁和奥斯丁都承认不服从恶法是正当的，如果这种不服从能促进现状改善的话。用现代最重要的法律实证主义者 H. L. A.哈特的话说：

> 证明某物在法律上有效并不是服从问题的决定性因素，……不管君王的光环多么耀眼，也不管官方体制的权威有多大，他们的要求最后都必须接受道德的审查。

对哈特和边沁来说，这是法律实证主义的一个主要优点。

图 4 杰里米·边沁：法哲学中的路德？

法律即命令：边沁和奥斯丁

杰里米·边沁（1748—1832）的巨著为实证主义法学以及对法律和法律制度进行的系统分析作出了卓越贡献。他不仅试图去揭露他那个年代的陈词滥调，构建一个建立在功利原则基础上的法学、逻辑学、政治学和心理学的综合理论，而且还尝试在几乎每个问题上对法律进行改革。他猛烈批评普通法及其理论基础。在启蒙精神的推动下，边沁试图让普通法服从理性的冷光。他努力剥去法律的神秘外衣并以他特有的犀利文风揭示法律的庐山真面目，声称诉诸自然法不过是“伪装的个人观点”或者“仅仅是自命为立法者的看法”。

边沁认为，普通法的不确定性是其特有的缺陷。不成文法在本质上含糊不清且难以预测，它无法提供一种可靠的公开标准，使人们对其拥有合理预期来指导行为。普通法的这种混乱

图 5 边沁认为英国的法官不公正、腐败，而且变化无常。

情况必须系统地加以处理。在边沁看来,这很简单,就是要进行法典编纂。法典将有效削减法官的权力,法官的任务因此将更多地表现于执行法律而非解释法律。同时这也会减少对律师的需求:法典无须法律顾问的帮助也易于理解。不像大陆法系采用以罗马法为基础的拿破仑法典已有很长历史,在普通法世界进行法典编纂仍然是一个梦想。

约翰·奥斯丁(1790—1859)在1832年边沁逝世那一年出版了其主要著作《法理学的范围》。作为边沁的弟子,奥斯丁的法律观建立在命令或责任的理念上,尽管他并没有过多详述什么是命令或责任。虽然这两位法理学家都强调人们对主权者权力的服从,但奥斯丁的法律定义强调对行为的控制,这个定义有时被认为对刑法以外的领域并没有太多涉足。他把命令等同于法律的标志导致其对法律的界定较之边沁所采纳的定义限制更多,边沁试图制定一种单一、完全的法律从而能充分表达立法机关的意志。

但二者都关注法学研究范围的限定,从而都能说明和解释法律的主要特征。然而,就奥斯丁而言,"确切意义上的法律"的涵盖面要比边沁的狭窄得多,只包含两类:神法和人法。人法(由人制定并适用于人的法律)进一步分为制定法或者"严格意义上"的法律(由政治地位高的人制定或者按照法定权利制定的法律)以及不是由政治地位高的人制定或者不是按照法定权利制定的法律。"非确切意义上的"法律则分为类推的法律(如时装规则、宪法和国际法)和比喻的法律(如万有引力定律)。类推的法律以及不是由政治地位高的人制定或者不是按照法定权利制定的法律仅仅是一种"实在道德"。只有制定法是法学的确切研究领域。

边沁是一个功利主义者(参见第四章)和法律改革家,这一点人们最为了解。但他始终坚持要把“说明性的”法学和“审查性的”法学区别开来。前者论述实然,后者则描述应然。奥斯丁无条件地保留了这个区分,但他的分析在范围和目的上都较边沁要狭窄得多。

尽管两人都坚持功利主义道德并在法学的性质、功能以及普通法传统的重大不足方面持有许多相似的观点,但他们在学科研究的一般方法上存在着几个重大区别。尤其是,边沁坚持一种单一完全的、能充分表达立法机关意志的法律观。他试图说明一个单一的法律如何生成一种单一的违法行为,这种违法行为的定义是法律承认的违法行为中含义最狭隘的一种。

奥斯丁则把其对法律体系的规划建立在权利的分类上;他不受寻求一种“完全的”法律的想法困扰。同样,在追求为一组涵盖广泛的法律和“立法艺术”的要素提供一种规划的过程中,边沁详述了一种复杂的“意志逻辑”,奥斯丁则试图构建一种法律科学,并没有花时间去研究边沁的立法艺术。边沁努力设计出一些方法,试图以此来对专断权力,尤其是法官的专断权力进行限制,奥斯丁则并不那么操心这些问题。

奥斯丁法学范围图景的一个特征是,法律的概念即主权者的命令。任何事物如果不是一个命令就不是法律。只有一般性的命令能算作法律,只有源自主权者的命令才是“制定法”。奥斯丁坚持主张法律即命令,这就要求其把习惯法、宪法和国际公法排除在法学范围之外,因为无法确定一个明确的主权者作为这些规则的创制者。因而,在涉及国际公法时,主权国家就恶名昭彰地随意漠视这类法律的要求。

然而,对边沁来说,命令仅仅是主权者制定法律的四种方法之一。他区分出命令或禁止某种行为的法律(强制性法律)和许可某种行为的法律(许可性法律)。他主张所有法律都既是刑法又是民法;即使在财产权方面也有刑事的因素。边沁试图表明,没有施加义务或制裁的法律(他称之为"民法")不是"完全的法律",而仅是法律的局部。另外,由于其主要目标是要创造一部法典,他主张刑法和民法两个分支法律应当分别制定。

命令与制裁的关系对奥斯丁而言也同样重要。实际上,他的那个命令概念本身就包含了一种可能性,即如果不遵守命令就会招致制裁。但何谓制裁?奥斯丁将制裁界定为一种损害、痛苦或者灾祸,施加制裁的条件是某个人未能按照主权者的愿望行事。必定存在某种现实可能性即任何人如果违反了命令就要受到制裁。只需存在一种最小的损害、痛苦或者灾祸的**威胁**即可,但除非有一种制裁如影随形,否则单纯的愿望表达便不是一个命令。因而义务是根据制裁来界定的:这是奥斯丁命令理论的核心原则。制裁的可能性总是不确定的,但奥斯丁却由此得出一个不甚令人满意的观点,即制裁包含了"招致最小灾祸的最小可能"。

由一个主权者来颁布命令的思想贯穿边沁和奥斯丁二者的理论。值得注意的是二者都把主权者的权力视作由人们普遍遵从其法律的习惯所构成。但奥斯丁坚持主张主权的不可仿制和不可分割,边沁则因注意到联邦制度的存在而承认最高立法权可受到他所称的明示协定的限制与分割。

在奥斯丁看来,命令除了四个特征(愿望、制裁、愿望的表达以及一般性)外,还要加上第五个特征,即可确认的政治上级,或称主权者,这个上级的命令要得到政治下级的服从,而他不必服从任何人。奥斯丁对全能立法者的强调曲解了对立法机构立法权施加宪法限制的法律制度，也曲解了在中央联邦立法机构和州或省（如美国、加拿大或者澳大利亚）的法律制定机构之间进行分权的法律制度。边沁则承认对主权可以进行限制或划分，并且承认（尽管不情愿）对立法行为进行司法审查的可能性。

奥斯丁关于“确切意义上的法律”应限于主权者的命令的观点使他把主权观建立在社会成员采取的服从态度之上。并且，主权者必须是确定的（例如主权机构的组成必须明确），因为“没有任何模糊不清的主权者能发出明示或默示的命令，或得到人们的顺从或臣服”。这导致奥斯丁引人瞩目地拒绝承认国际公法、习惯法和许多宪法为“法律”。

此外，由于强调制裁是法律概念不可或缺的要素，奥斯丁就只得按照制裁来界定义务：如果主权者表达了一种愿望并有权施加灾祸（或制裁），个人就有义务按照那种愿望去行事。“愿望”与“愿望的表达”的区别类似于议案与法律的区别。

奥斯丁把义务与制裁联系起来的做法受到很多人的批评，尽管他可能只是在试图表明——在一种正式意义上：只要存在义务，对义务的违反都会导致制裁。换句话说，他并不一定是在试图解释法律为什么得到服从或者法律是否应当得到服从，而是试图解释法定义务什么时候存在。不过，他无疑赋予了义务概念一种无根无据的重要性。法律经常并不是施加直接义务，如法律在促成结婚、缔约与立下遗嘱时。我们没有义务做这些事，但很明显他们是法律的一部分。H. L. A.哈特称他们为“授权”规则（见下文）。

边沁的研究方法则没有奥斯丁那么武断。他承认主权者的命令即使在缺乏奥斯丁意义上的制裁时也同样构成法律。按照边沁的看法,法律既包括惩罚("抑制性目的")也包括奖赏("诱惑性目的"),但它们无法说明什么是法律、什么不是法律。

边沁和奥斯丁为现代法律实证主义打下了基础,但他们的观点已经在相当程度上为当代法律实证主义者所提炼、发展甚至扬弃。本章的剩余部分将概述当代法律实证主义者中三位主要领头人物的理论路径:H. L. A.哈特、汉斯·凯尔森以及约瑟夫·拉兹。

法律即社会规则:H. L. A.哈特

H. L. A.哈特(1907—1992)通过将分析哲学,尤其是语言哲学的方法适用到法学研究中来而详细勾勒出现代法律理论的范围,并因此受到赞誉。哈特的研究工作阐明了法律概念的涵义、我们使用这些法律概念的方法以及我们思考法律和法律制度的方式。比如说,享有一种"权利"是什么意思?何谓法人或者义务?哈特声称除非我们理解法律形成、发展的概念背景,否则我们就无法确切理解法律。例如,他主张语言有一种"开放式结构":语词(规则由此也是)有许多清晰的含义,但总是存在一些"模糊不清"的情况,此时这个词是否适用并不确定。哈特的著作《法律的概念》于 1961 年出版,该书是一本法律理论的杰作,对世界上许多法理学家的研究起到了促进作用。

哈特的实证主义与边沁和奥斯丁关于法律很大程度上体现了一种强制性的描述大相径庭。哈特将法律理解为一种社会现象,它只能通过对一个社群的实际社会实践进行描述来予以理解。哈特认为,一个社群要存续下去,就需要有某种基本规则,他称之为"最低限度的自然法" 。这些基本规则产生于人类的境况,这种境况体现了如下本质特征:

图 6 H. L. A.哈特：现代法律实证主义之父。

“人类的易受攻击性”：我们每个人都容易受到身体攻击。

“近似平等”：即使最强者有时也必定要休息。

“有限利他主义”：我们一般情况下都是自私的。

“有限资源”：我们需要衣、食、居，而这些资源是有限的。

"有限的理解与意志力":不能指望我们与同伴合作。

人类的这些弱点要求制定规则以保护人身与财产,同时确保承诺得到遵守。但尽管哈特使用了"自然法"这个通常的说法,他却并不是指法律源于道德或者在这二者之间存在必然的概念上的关联。他也不是说这个最低限度的自然法能确保一个公平正义的社会。哈特的法律实证主义既摆脱了功利主义(见第四章),也摆脱了边沁、奥斯丁支持的法律命令说的束缚。就后者而言,哈特对其加以拒斥的原因是认为法律不仅仅是持枪歹徒的命令:由制裁所支持的命令。

哈特理论的核心是认为存在着官方承认的基本规则来规定立法程序。其中最重要的基本规则被哈特称为承认规则,该规则是一个法律体系中最基本的宪法规则,被执法者视为详细规定着判定一个规则是否确实是一个规则的有效性条件或标准。

哈特把法律分解成一种规则体系。他的论证如下:所有社会都有社会规则;这些规则包括与道德、比赛等相关的规则,也包括施加义务或责任的义务规则;后者可分为道德规则和法定规则(或法律)。由于上面指出的我们人类的若干局限,义务规则在所有社会都是必要的。法定规则可分成主要规则和次要规则。前者禁止使用暴力、实施偷窃和欺诈,虽然人们很想去做这些事情,但如果他们要在比邻状态下共存则必须抑制自己不做这些事情。原始社会的规则通常就局限于这些施加义务的主要规则。随着社会日渐复杂,很明显就需要改变主要规则,裁判违规行为,并确认哪些规则真正属于义务规则。现代社会满足这三种要求的途径是分别引进三类次要规则:变革规则、裁判规则和承认规则。与主要规则不同,前两种次要规则一般情况下并不施加义务,而是赋予权力。然而,承认规则似乎确实施加了义务(主要针对法官)。我将在下文对这一点进行详述。

法律体系的存在要求对两个条件必须加以满足。首先,有效的义务规则必须得到社会成员的普遍遵守;其次,官员必须认可变革规则、裁判规则,并且要"从内心"认可承认规则。

正如已经指出的那样,哈特否认奥斯丁的规则即命令的概念,也否认一种观念,即认为规则是仅存在于可观察的外部行为或习惯中的现象。相反,哈特让我们考虑规则的**社会**维度,即社会成员感知相关规则的方式,他们对规则的态度。这个"内心的"视角把规则和纯粹的习惯区别开来。

因而,用哈特的例子来说,下象棋的人除了有相似的习惯以同样的方式去移动王后外,对这种移动棋子的方式也有一种"批判的反思态度":他们每个人都将此看做是所有下象棋的人奉行的**标准**。他们在评价其他棋手的时候表明这些观点,并在自己受到批判的时候承认这种批判的正当性。

换句话说,为把握规则的本质,我们必须从**体验**规则或评判规则的人的视角来对其进行审查。哈特还运用"规则"的概念来区分"被强迫"与"有义务"。当持枪歹徒问你"要钱还是要命?"时,你的服从是**被迫**的,但哈特说,你没有**义务**去服从——并没有规则对你施加义务。

在论述了主要规则的性质和目的后,哈特试图表明每个法律体系都包含三种次要规则。第一种他称为变革规则。这类规则推动对主要规则和某些次要规则(如下文的裁判规则)的立法和司法变革。这种变革的程序由次要规则调整,这些次要规则授予权力给个人或团体(如国会或议会)以按照某种程序来立法。变革规则还授予你我权力来改变我们的法律地位(如通过立下契约、遗嘱等)。

其次是裁判规则,它赋予个人(如法官)对违反主要规则的情况进行判断的权威。这种权力通常还与惩罚作恶者或者强迫作恶者为恶行付出代价的一种后续权力结合在一起。

第三是承认规则,它被用来确立判别一个法律体系中的所有规则是否具有法律效力的标准。如上所述,与其他两类次要规则不同,承认规则在某种程度上似乎是施加了一定的义务:它要求行使公共权力的人(尤其是法官)遵循某种规则。哈特主张,仅当规则满足由承认规则所设定的标准时,它才成为法律体系中有效的一部分。哈特用巴黎的标准公尺棒(过去一公尺的权威标准)作比喻,认为承认规则的效力是毋庸置疑的。它既非有效也非无效,而是被公认为正确的标准。

按照哈特的说法,法律体系只有在有效的主要规则得到服从且政府官员认可变革规则与裁判规则时才得以存在。用哈特的话来说:

> 断言法律体系存在是一种"脸朝两面的"陈述,它既要注意普通公民的服从,也要指望官员认可次要规则作为公务行为严格的共同标准。

作为社会的普通成员,你我无须认可主要规则或者承认规则;仅仅是**政府官员**需要从"内心的角度"来这样做。这是什么意思呢?哈特的回答如下:

> 应当存在一种对作为共同标准的某种行为模式的批

判性反思态度，这是必要的；在批判（包括自我批判）以及遵守模式的要求中展现其自身并且承认这些批判和要求是正当的，这也是必要的；所有这些通过规范性的术语“应当”“必须”“应该”以及“对的”“错的”而典型地表述出来。

规则的这种“内心”维度因而就把社会规则同纯粹的团体习惯区分开来。认可次要规则时，政府官员无须赞成它们。在一个不公正的法律体系中，法官会厌恶要求他们去适用的规则，但当他们认可这些规则时，就满足了哈特所说的法律体系存在的条件。

哈特承认，如果一个法律体系不能获得普遍的赞成，则它在道义和政治上都将遭到反对。但这些道义和政治标准并不被看成是“法律体系”这一概念的识别特征。一个法律体系的效力由此便独立于其实效。一个完全没有效率的规则也可以是一个有效的规则——只要它是源自承认规则。但作为一个有效的规则，这个规则所隶属的法律体系整体上肯定是有效率的。

法律即规范：汉斯·凯尔森

汉斯·凯尔森（1881—1973）在他复杂的“纯粹法理论”中就我们应如何理解法律详述了一种深奥而意义深远的观点。他强调，我们的做法应当是将法律理解成一种“应然”体系或者**规范**体系。凯尔森的确承认法律也包含由这些规范决定的法律行为，但法律的本质特征来自规范——包括司法裁决和法律业务（如合同和遗嘱）。甚至最一般的规范也描述人的行为。

受 18 世纪伟大哲学家伊曼努尔·康德的影响，凯尔森承认我们只有运用实际上不“存在”的某种形式范畴（如时间和空间)才能理解客观现实:我们通过应用这些范畴来理解世界。同样地,我们要理解"法律"也需要借助形式范畴,比如基本规范——或者根本准则(*Grundnorm*),这个基本规范正如其名称所指的那样,是所有法律制度的基础(参见下文)。凯尔森认为,与物理学或化学相比,法律理论也同样是一门科学。因此,我们需要去掉道德、心理学、社会学以及政治理论等杂质对法律的影响。凯尔森因而提出一种伦理净化的建议,有了这种净化我们的分析将直接导向制定法规范:"应当"(oughts)这一规范宣告,如果实施某种行为(X),则公职人员就会对违法者施加某种制裁(Y)。凯尔森的"纯粹"理论由此便排除了那些我们无法客观知悉的东西,包括法律的道德、社会或者政治功能。法律只有一个用途:对暴力的垄断。

凯尔森的规范概念蕴涵了某事应当如何或者应当发生的前提——尤其是个人应当以某种特定方式行事。因此,"应当把门关上"这句陈述和红色交通信号灯二者都构成规范。但是,要成为有效的规范,一个规范还必须得到另一个规范的授权,后者相应地也必须得到法律体系中更高的法律规范的授权。凯尔森属极端的相对主义:他驳斥规范中存在着价值这种观点。在他看来,所有规范对相关的个人或团体而言都是相对的。

政府通过制定规范确定我们的行为是否合法来实现对社会秩序的促进。凯尔森认为,如果未能遵守这些规范,人们就会受到制裁,而制裁也是这些规范所规定的。因此,法律规范不同于其他规范之处就在于前者规定了制裁。法律制度建立在国家强制力的基础之上;法律规范的背后是暴力威胁。这就把收税员同抢劫犯区分开来。二者都要你的钱,换句话说,二者都要求你**应当**全部付清。二者都表现出一种意志的**主观**行为,但只有

图 7 汉斯·凯尔森试图把伦理因素从法律理论中清除出去。

收税员的行为是**客观**有效的。何故?凯尔森说道,因为人们并未把抢劫犯强制命令的主观意图解释为其客观意图。为何不这样解释呢? 因为并没有预设任何基本规范,根据这样的规范人们应当遵守这种命令。为什么没有呢？因为抢劫犯的强制命令缺乏“持久效力，没有这种效力就不能预设任何基本规范”。这就表明了在凯尔森的理论中有效性与效力之间的基本关系，这一点将在下文予以探讨。

因此，凯尔森的法律制度模式是一连串相互连接的规范，这些规范从最一般的“应当”（如应当按照宪法规定来实施制裁）推进到最特别的或最“具体的”应当（如查尔斯负有契约义务为卡米拉割草）。在这种等级制度中每个规范都从另一个更高的规范那里获得其有效性。所有规范的有效性最终都建立在基本规范之上。

由于所有规范的有效性都依赖于一个更高的规范，这个更高规范的有效性又相应地依赖于另一个更高的规范，我们最终就达到了一个不能再往前追溯的临界点。这就是基本规范，或者说根本准则。所有规范都源自这个基本规范并且在“具体性”程度上逐步增强，一国的宪法本身亦然。从定义来看，基本规范的有效性不可能依赖于其他任何规范，人们因而只能对基本规范进行预设。凯尔森主张，缺少这种预设，我们就无法理解法律秩序。基本规范虽然存在，但只存在于“法学家的意识”中。它是一种假定，使法学家、法官或者律师对法律体系的理解成为可能。然而，对基本规范的选择并不是任意的，而是要顾及作为一个整体的法律秩序是否“在大体上”是有效的。其有效性取决于其效力。换言之，基本规范的有效性并不依赖其他的规范或者法律规则，而只是一种**假定**——为了纯粹性这一目的。因此它是一种假设，一种完全形式化的构造。

凯尔森用一个宗教上的比拟来阐明基本规范的性质，在这个例子中，父亲教导儿子去上学。对这一个体性规范，儿子答道，"为什么我应当去上学？"换句话说，他在问为什么他父亲的意志行为的主观意图就是其客观意图，即对他有约束力的规范——或者同样的意思：这个规范的有效性基础是什么？父亲回答说，"因为上帝命令儿女们服从父母"——也就是说，上帝授权父母可以对孩子们发出命令。儿子反驳道，"为什么人们要服从上帝的命令？"用凯尔森的话来说，儿子是在问为什么上帝意志行为的主观意图也是其客观意图，即一条有效的规范；或者说，这条一般规范的有效性基础是什么？对这个问题唯一可能的答案是：对于一个信徒而言，人们预设了任何人都应当服从上帝的命令。在信徒的思想中，为了给宗教道德规范的有效性提供依据，就必须预设一条规范的有效性，上面的例子就是论述了这一点。这条预设的规范就构成一种宗教道德的基本规范，该规范是这种道德所包含的一切规范之有效性的根据——一种"基本的"规范，因为不能对其有效性的根据再提出质疑。这种陈述不是一种实证规范，即不是由意志的实际行为所设定的规范，而是在信徒的思想中预设的。

基本规范的设定旨在拥有两种主要功用。首先，它帮我们区分强盗的要求和法律的要求。换句话说，基本规范使我们能把一条强制性命令看作是客观有效的。其次，它解释了一条法律命令的一致性和统一性。所有有效的法律规范都可被解释成意图不矛盾的主题。

凯尔森对基本规范的表述如下：

> 强制性命令应当根据历史上第一部宪法——以及按照宪法所创制的规范——所规定的条件和方式得到执行（简言之，人们应当按照宪法的规定行事）。

作为一种纯粹的形式构造，基本规范并没有详细明确的内容。凯尔森认为，任何人类行为都可以成为法律规范的主题。不能仅仅因为其规范的内容而否定一条明确的法律命令的有效性。

由于凯尔森主张整个法律秩序的效力是其内部每条规范之有效性的一个必要条件，一个法律体系的存在因此就暗含了这样一个事实：其法律通常得到遵守。在《纯粹法理论》一书中，凯尔森直接谈到这个问题："每一条大体上得到实施的强制性命令都可被解释成一条客观上有效的规范性命令。"但这里有一个问题。我们如何知道法律是否实际上得到遵守或者被漠视？用凯尔森的话来说，我们如何检验法律是否"大体上"具有效力？许多人会说法律命令有无效力是一个有赖经验判断的问题，是我们可以见证或观察的。然而，纯粹法理论却不屑于这种"社会学"调查。

凯尔森也回避考虑法律为何具有效力的原因（其合理性、优良性等）。如果法律命令的有效性要求其基本规范具有效力，则必然导致的结果是当法律体系的基本规范不再得到普遍支持时，法律就不存在了。这便是当一场革命成功后所发生的事情。凯尔森认为，现有的基本规范不再存在下去，并且一旦革命政府的新法得到有效执行，法学家就将预设一个新的基本规范。这是因为基本规范不是宪法，而是一种推定，即变化了的情势应当在事实上得到承认。

凯尔森的观点被一些国家的法院所援引，这些国家都经历过革命，其中包括巴基斯坦、乌干达、罗得西亚[①]和格林纳达。

① 津巴布韦的旧称。——译注

法律即社会事实：约瑟夫·拉兹

对牛津哲学家约瑟夫·拉兹（1939— ）的著述不适合作简单地勾勒。作为一个"强硬派"或者"排他主义者"领军人物的法律实证主义者，拉兹主张法律体系的特征和存在可通过诉诸三个要素来检验：实效、制度特性和渊源。基于这样一种观点，即合法性不依赖于道德价值，法律被抽去了道德内容。如 H. L. A.哈特这样的"温和"法律实证主义者则否认这种观点，并承认道德内容或价值可以作为有效性的一个条件被包括或结合进来。因此他们也被称为"结合主义者"。

然而，拉兹主张，法律是独立自主的：我们无须求助于道德即可确定其内容。法律论证则并非独立自主的，它是司法论证的一个必然和可取的特征。对拉兹来说，每部法律的存在和内容都可由对习俗、制度和法律体系参与者之意图的**事实**探究来确定。"什么是法律？"这个问题的答案永远是一个事实而不是一种道德判断。这就将拉兹归入了"强硬"或者"排他"的法律实证主义者之列。之所以"排他"，是因为我们将法律视为有权威的原因在于这样一个事实：法律能以道德所不能的方式去指引我们的行为。换言之，法律维护着其自身所具有的一种优于所有其他行为准则的首要地位。法律是权威最终的源泉。因而，法律体系是有权威的规则中最精华的部分。正是这种对权威的主张成为法律体系的标志。

拉兹辨别出由法律实证主义者所坚持、受到自然法学家抨击的三项主要主张：

"社会命题"：法律可被识别为一种社会事实，与道德考量无涉。

“道德命题”:法律的道德价值既非绝对也非固有,而是视“法律的内容和法律所适用的社会环境”而定。

“语义命题”:规范性术语如“权利”和“义务”在道德和法律背景中的使用是不一样的。

拉兹只承认“社会命题”,其基础是确认法律体系的三个公认标准:其实效、其制度特性及其渊源。道德问题并不包含在这三个标准之中。这样,法律的制度特征便只是意味着根据法律和某些制度(例如立法机构)的关系来识别法律。任何事物——不管其在道德上是否被接受——只要不被这样的制度承认就不是法律,反之亦然。

拉兹实际上假定了一种更彻底的“社会命题”(“渊源命题”)来作为法律实证主义的本质。他证成渊源命题的主要理由是它解释了法律的一个主要功能:以某种方式来设定约束我们的标准,在这种方式下,我们不能以质疑该标准的理论基础作为不予遵守的托辞。

正是主要基于对社会命题的承认以及对道德命题和语义命题的否认,拉兹找到了理由来反对有一种服从法律的一般道德义务存在。为达到这个结论,拉兹批判了三种支持法律的道德权威的论证。首先,经常有人认为,要想如实证主义者所做的那样区分法律和其他的社会控制形式,就要忽略法律的功能;并且,由于对功能的描述不可能以一种不带价值偏好的方式来进行,对法律功能的任何论述都必定包含道德判断——从而违反社会命题。拉兹认为,虽然法律确实包含某种功能,但他自己对法律功能的分析却是价值中立的。

其次，拉兹也不承认法律的内容不能由社会事实单独确定:例如,由于法庭不可避免地要依靠明显的道德考量,他们由此便在不知不觉地确定法律实际上是什么。尽管拉兹承认对道德的关注确实成为裁决的一部分,但他坚持认为这对任何一种建立在某种渊源基础上的体系来说都是不可避免的。在拉兹看来,这并没有确立反对渊源命题的个例。最后,人们有时会认为法律的特别之处在于其遵从法治理想，即没有人能逾越法律，有人由此确信这表明法律的确是道德的。拉兹试图驳斥这一主张,他认为,遵从法治减少了行政权力的滥用,但并没有赋予法律一种独立的道德价值。对拉兹来说，法治是一种消极的德行——权力擅断的风险正是由法律本身造成的。因而拉兹的结论是,即使在一个公平正义的法律体系中,也不存在服从法律的初步义务。

第三章

法律即解释

法哲学的基础在1970年代因美国法学家罗纳德·德沃金（1931— ）的思想主张而动摇。德沃金在1969年继H. L. A.哈特之后出任牛津大学法学教授。法律实证主义的统治地位在接下来的三十年里受到了一种综合性的法律理论的全面冲击——特别在英国更是如此，这种理论虽然备受争议却又有高度的影响力。不管人们在何时就有争议的道德和政治问题展开辩论，德沃金的法律概念总是有相当强的权威，尤其在美国。无法想象对诸如美国最高法院的职能、堕胎问题或者自由和平等的一般问题等所进行的任何严肃分析能不考虑罗纳德·德沃金的观点。他那建设性的法律视角既是对法律概念的深刻分析，也是一种有很强说服力的诉求，要求支持法律的不断丰富完善。

德沃金复杂深奥的哲学体系由许多部分组成，其中包括这样一个论点，即法律对几乎所有问题都提供了解决方案。这与传统的，也即实证主义者的理解并不一致，后者认为当法官面对一个棘手的案件、处理这一案件又没有任何法条或者先前的判例可适用时，他只能运用自己的判断力，根据他认为似乎是正确的答案来裁定案件。德沃金对这个观点提出质疑，并表明法官并不是在造法，而是在**解释**法律文件中已经包含的内容。

图 8 罗纳德·德沃金将法律看成是一个解释过程，在这个过程中个人权利至高无上。

通过对这些文件的解释，法官就表达了其对法律体系所致力追求的价值的看法。

要理解德沃金的关键命题，即法律是“无漏洞的”体系，可考虑如下两种情形：

一个没有耐心的受益人意欲谋杀立遗嘱人。是否应当允许他有继承的权利?

一个国际象棋特级大师以频频微笑来分散对手的注意力。对手提出抗议。那么,朝别人微笑是否违反国际象棋的规则?

棘手案件

这两种情况都是"棘手案件",因为在这两种情况下都没有一种确定的规则来解决。这就使得法律实证主义者非常头疼,因为正如上一章讨论的,法律实证主义通常主张法律包含的规则是由社会事实决定的。然而在上述例子中,规则用尽了,只能通过一种主观的从而是潜在武断的判断来解决问题:这对律师而言无异于噩梦。

然而,正如德沃金主张的那样,如果与规则相比法律存在更多这样的情况,我们就可以从法律本身找到答案。换句话说,诸如此类的棘手案件可以通过参考法律文件来作出裁决,无须超出法律范围而允许主观判断的介入。

上面提到的关于遗嘱的难题来自纽约州 1899 年**里格斯诉帕尔默案**的判决。遗嘱最终被有效执行,凶手如愿以偿。但是一个杀人犯能否继承遗产这一点并不确定:遗嘱继承规则并没有规定可适用的例外情形。杀人犯因而应有继承遗产的权利。然而,纽约州法庭却宣判遗嘱继承规则的适用要受制于"不应当有人能从自己的违法行为中获利"这一原则。因此杀人犯不能继承受害人的遗产。德沃金主张,这个判决表明除了规则外,法律还包括**原则**。

在第二个难题中,德沃金认为需要裁判员来决定微笑是否违反了国际象棋的规则。规则并不会说话。因此裁判员必须考虑国际象棋作为一种智力技巧比赛的性质；这种技巧比赛是否包含使用心理威胁？换言之，他必须找到一种答案能最佳地“符合”和解释国际象棋的惯例。对于这个问题，将存在一个正确的答案。法官裁决一个棘手的案件时也同样如此。

本质使然，法律体系经常会产生诸如此类的有争议或者棘手的情况，在这些情况下，法官可能就需要考虑是否超越法律是什么的严格字面意义来确定法律应当是怎样的。换句话说，德沃金致力于研究一种解释程序，在这种程序中，类似于道德主张的论证起着非常重要的作用。法律的解释维度是德沃金理论的一个基本要素。他对法律实证主义的抨击是基于这样一种前提，即法律实证主义提出的法律与道德相分离是不可能的。

因而对德沃金而言，法律不仅包括哈特所主张的规则，而且还包括德沃金所称的非规则标准。当法庭必须裁决一个棘手的案子时，它就要利用这些（道德或者政治的）标准——原则和政策——来作出最后的判决。不存在任何承认规则——如哈特所述和上一章所讨论的——来区分法律和道德原则。关于法律是什么的决定不可避免地要依赖道德—政治上的考量。

德沃金对法律论证的构想经过两个发展阶段。首先，他在1970年代主张法律实证主义未能解释法律原则在确定法律是什么这一点上的重要性。到了1980年代，德沃金进一步形成了一个更为激进的论点，认为法律本质上是一种解释性的现象。该观点有两个主要的前提。第一个前提主张，要确定在某个特定的案件中法律的要求，这就包含了一种形式的解释性论证。例如，声称法律保护我的隐私权不受《每日传言》的侵扰就等于推断出需要某种解释。第二个前提是解释总是伴随着价值评判。如果这是正确的，就几乎敲响了法律实证主义者道德法律相分离命题的丧钟。

因此，法官就会利用原则来处理棘手案件，这些原则包括他自己对政治制度体系及其本人所处的社群决议之最佳解释的见解。他必须要问，"我的裁决能否成为证成整个政治法律体系的最佳道德理论的一部分？"每一个法律问题都只能有唯一的正确答案；法官有义务去找到这个答案，当他的答案最符合其所处社会的制度和宪政历史时，在这种意义上，这个答案就是"正确"的，就是在道德上能得到证成的。所以法律论证和分析就是"解释性的"，因为法律论证和分析试图给法律实践赋予一种最佳的道德意义。

德沃金对法律实证主义的批判，其关键根据在于他所关注的法律应当"认真对待权利"。权利优先于诸如社群福利等其他考量。正如哈特所称，如果一个棘手案件的最终结果取决于法官的个人看法、直觉或者强判断力的运用，那么这将严重危及个人权利。我的权利就会仅仅从属于社群的利益。相反，德沃金主张，我的权利应被认可为**法律的一部分**。因此他的理论为捍卫个人权利和自由提供了比法律实证主义所能提供的更强的力量。

德沃金在他那本著名的巨著《法律帝国》中发起了对"传统主义"和实用主义大规模的批判。前者主张法律是社会传统的一种功能，因此法律是指一种法定的传统。换句话说，传统主义声称法律不过是存在于某些传统（如高级法院的判决对下级法院有约束力）中。传统主义还把法律看成是不完善的：法律存在着"漏洞"，因此法官就用其个人偏好填补这些漏洞。换句话说，法官运用了一种"强判断力"。

德沃金认为，传统主义对法律的论述既未能提供一个令人信服的对立法程序的说明，也未能足够有力地维护个人权利。在德沃金“作为整体的法律”的视角中（见下文），法官必须把自己想象成是普通法链条中的一个创造者，而非像传统主义者声称的那样是在表达他自己的道德或者政治信念，甚至也不是在表达那些他认为立法机构或大多选民会赞成的信念。正如德沃金所说：

> 法官知道其他法官已经对涉及相关问题的案子作出裁决，虽然这些案子不完全和他现在处理的案子一样；他必须把这些裁决想象成一段漫长历史的一部分，他必须按照他自己关于如何使这段正在形成的历史尽可能最好的判断，解释并延续这段历史。

按照德沃金的说法，实用主义者对过去的政治决议证成国家的强制力这一观点采取了一种怀疑的态度。相反，他们认为这种强制力的正当性在于法官行使该强制力的公正性或者效率或者其他美德。这种观点未能认真地对待权利，因为它只是工具化地对待权利——权利本身没有任何独立的存在价值：权利仅仅是一种让生活变得更好的手段而已。实用主义者相信这样一种主张，即法官确实在作——而且应当作——任何对他们而言似乎是最有利于社群未来的裁决，他们并不认为仅仅为保持一致而与过去保持一致有价值。

只有德沃金所说的“作为整体的法律”（见下文）为国家行使暴力提供了一个可接受的正当理由。他告诉我们，法律帝国“并不是由领土或权力或程序，而是由态度界定的”。换句话说，法律是一个解释性的概念，它在最宽泛的意义上向政治表达主张。它采取一种建设性的态度,因为它试图改善我们的生活和社群。

原则和政策

德沃金在对司法功能的论述中要求法官把法律看成一张无缝隙的网,除了法律以外不会再有法律存在。而且,与法律实证主义者的观点相反,法律中也不存在任何的漏洞。法律和道德是紧密相连,不可分开的。因此不可能存在着上一章所述的所谓确认法律的承认规则。哈特认为法律是主要规则和次要规则的联合,这个观点也并未提供一个严密的模式,因为它遗漏或者至少疏忽了原则和政策的重要性。

德沃金认为,虽然规则"要么无所不能,要么一无是处",原则和政策却有其"重要性或重要价值"。换句话说,如果一个规则适用并且有效,法官就必须根据这个规则的指示来作出裁决。另一方面,原则提供了以一种特殊方式来裁决案子的理由,但并不是决定性的理由:法官必须根据体系中的其他原则来进行权衡。

原则与政策的不同点在于前者"作为一种标准被遵守的原因在于正义或公平或者道德的其他一些维度,而非因为它会促进或确保经济、政治或社会状况"。"政策"则是"那样一种标准,它确立起需要达到的目标,这种目标通常是改善社群的经济、政治或社会面貌"。

原则描述的是权利,政策描述的是目标。但是权利是"王牌"。与社群的目标相比,权利有一种"门槛的重要性"。权利不应受到与之相冲突的社群目标的压制。德沃金认为,每一个民事案件都会产生这样一个问题:"原告是否有胜诉权?"社群的利益不应当掺杂其中。因而,民事案件是按照原则来裁决的,并且也应当如此。即使一个法官似乎在提出政策作为论据,我们也应当认为他是在诉诸原则,因为他实际上在决定着社群成员的个人权利。因而,假如一个法官诉诸公共安全之类的理由来证成某种抽象权利,这应当被理解成是在诉诸一些人相冲突的权利,这些人的安全感会因为这种抽象权利的具体化而丧失。

在一个“棘手的案件”中——如里格斯诉帕尔默案中的行凶受益人(见前文)——没有任何规则可以直接适用,法官必须适用规则以外的标准。理想的法官——被德沃金称为赫拉克勒斯——必须“构建一个由抽象和具体的原则构成的系统,从而为所有普通法判例提供一个连贯有序的正当理由,并且,为使这些判例能得到原则的证成,也需要创设一些宪法原则和法定原则”。当法律文件允许一种以上的连贯一致的解释时,赫拉克勒斯将按照最符合其社群的“制度历史”的法律和正义理论来裁决。

如果赫拉克勒斯发现一个先前的裁决不“符合”他自己对法律的解释怎么办呢?假如这个判例是由一个高级别的法院作出的,而赫拉克勒斯无权否决这个判例,结果又会如何呢?德沃金称,赫拉克勒斯可以将这个判例看成是一个“内含的错误”,然后把它限制为只具有“制定力”。这意味着它对将来案件的影响只能局限于其精确的字面措辞。然而,如果一个在先判决既没有被否决也不被认为是一个内含的错误,它就会产生德沃金所说的“重力”,即它所施加的影响将不限于其真实措辞:它将诉诸类似案件相似处理的公平原则。

德沃金声称,关于法律效力标准的论据严重削弱了传统主义(或法律实证主义)。正如我们在上一章中看到的,法律实证主义者通常满足于这样一个事实，即承认规则规定了 X 是法律。这样，一条规则的由来和发展过程就决定了它的效力。但德沃金却认为，法律效力的基础不能仅由承认规则中所蕴涵的标准来决定。这就构成了德沃金所说的法律实证主义的“语义学之刺”：法律实证主义者关于法律的争论实际上是针对“法律”这个词的内涵的语义争执。

然而，德沃金认为法律效力的概念并不仅限于按照承认规则所进行的法令公布。语义学理论对一种主张表示了质疑，这种主张认为存在着一种普遍标准，它能穷尽准确应用法律概念的所有条件。德沃金认为，这些理论错误地假定，除非存在着决定我们的诉求何时有效的标准，否则不可能出现有意义的分歧，即使我们无法准确说明上述标准的内容。

自由主义

德沃金的权利论建立在一种自由主义理论之上，这种理论源自这样一种观点，即“政府必须平等待民”。政府不能要求任何公民作出某种牺牲或对他们施加某种限制，这种牺牲或者限制是公民不可能接受的，除非他们放弃平等价值观。德沃金对政治道德的分析包含三个部分：“正义”“公平”和“程序性正当程序”。“正义”包括理想的立法者认可的个人权利和集体目标两方面，这样的立法者致力于以同等的关切和尊重来对待公民。“公平”是指在作出影响公民的决定时保证所有公民发挥大致平等作用的程序。“程序性正当程序”涉及决定公民是否违反法律时的正确程序。

以政治自由主义为基础，德沃金多次抨击诸如以刑法强制执行私德的做法、财富是一种价值的观念以及声称“积极歧视”

不公平的说法。

德沃金的目的是要“阐释一种法律的自由理论并为之辩护”。这也是他抨击法律实证主义、传统主义和实用主义的主要原因，因为所有这些理论都未能提供对个人权利最充分的辩护。只有“作为整体的法律”(见下文)才提供了一种适当的辩护,从而能与工具主义就个人权利和一般自由提出的主张相抗衡。德沃金法学理论中的一个关键的、也是有争议的组成部分是它所主张的法律与文学解释的密切关系。德沃金认为,当我们试图解读一件艺术品时,我们努力按照某种特定方式来理解它。我们设法精确地描述著作、电影、诗歌或者图画。在力所能及的范围内，我们想要以一种**建设性**的方式来确定作者的意图。为什么亨利·詹姆斯要选择描写这些特殊的人物?他的目的是什么？为了回答这类问题,我们以自己特有的方式努力去给出一个对小说最佳的说明。

德沃金认为,法律像小说或者戏剧一样,也需要解释。法官就像对一个不断发展的故事进行解释的人。他们承认自己所负的保持而非抛弃其司法传统的职责。他们因此提出了对自身在这种传统内的职责所作的最具建设性的解释理论,他们这样做是出于自己的信仰和直觉。因此我们应当把法官想象成是参加连环小说创作的作者，每个人都要为小说写一章新的内容,而下一个作者则接着这一章开始写。每个小说家都试图用前面的章节构造一部独立的小说;他竭力去书写自己的那一章,这样最后的结果会连贯一致。为实现这一点,就要求他对故事的进展程度有洞见:小说的人物、情节、主题、流派和总体叙述目的。他会设法在持续的创作中找到作品的意义,并找到一个能够证成的最佳解释。

作为整体的法律

作为一个对法律的前述章节作建设性解释的人，赫拉克勒斯这个超人法官将赞成对法律的概念所作的最佳说明。在德沃金看来，法律概念的最佳说明存在于他所称的“作为整体的法律”。这迫使赫拉克勒斯去探究他对法律的解释是否能构成一个连贯一致的理论的一部分，这个理论能证明整个法律体系的正当性。什么是“整体”？德沃金对其重要成分作出了如下描述：

> 作为整体的法律全心全意地承认法律和法定权利……它假定法律的约束有益于社会，这种益处的实现不仅仅是通过提供一种可预测性或者程序公平，或者仅是以某些其他工具性方式惠及社会，而是**通过保护公民之间的一种平等来使其所在的社群更加真诚，并改进其行使政治权力在道德上的正当理由**……它主张权利和责任产生于过去的裁决，因而被认为是合法的，不仅当权利和责任由这些裁决清晰地表达出来时是如此，而且当它们源自由裁决以证成的方式预设的个人和政治道德原则时也是如此。

强制力的集体运用，只有在一个社会承认整体性是一种政治美德时才能得到辩护。这使其得以证成行使暴力垄断权的道德权威。整体性同样是防御偏私、欺骗和腐败的安全措施。它确保法律被理解为属于一种原则问题——平等对待社群的所有成员。简而言之，它是构成自由社会本质的价值和法治（或像德沃金现在所说的，“合法性”）的混合体。

我们为什么重视法律？我们为什么敬重那些坚持法律的社

会，而且更重要的是我们为什么称赞他们对那些表现法治国家特点的政治美德的遵守？德沃金在其最新一本著作中提到，我们之所以这样做是因为虽然一个有效率的政府值得称赞，但还有一种更重要的价值是由合法性来实现的。对法律的道德合理性的关注是德沃金法哲学的主要内容。在很大程度上，这建立在一个相当不严密的“社群”或“社团”概念的基础之上。

一个认可整体性的政治社会变成社群的一种特殊形式，因为它主张使用强制力的道德权威。整体性要求公民之间实现一种互惠，并要求承认他们之间“连带义务”的重要性。如果一个社群堪称真正的而非仅仅是一个“刚够格”的社群，它的社会实践就会产生真实的义务。这种情况发生于该社群成员认为他们的义务是特殊的（即适用于特定的群体）、个人的（即在成员间流转），并且建立在对所有人的福利予以同等关注的基础之上。当这四个条件得到满足时，“刚够格”社群的成员就获得了一种真正的社群义务。

德沃金政治合法性的思想建构在关于一个真正社群的概念之上。他认为，政治义务是连带义务的一种例证。要产生政治义务，一个社群必须是真正的社群。只有支持整体性观念的社群才能成为一个真实的、道德上合理的连带社群，因为其选择涉及到义务而非赤裸裸的暴力。

司法功能与文艺评论程序的比较着重强调了法律的积极一面以及法官在其中的重要作用，而德沃金的作为原则联合体的政治社群是一个有着巨大吸引力的概念。这种情境很少有社会能实现，但人们希望很多社会能追求这样一个目标。

第四章

权利和正义

法哲学如果不对权利和正义这样的基本概念进行审视是难以想象的。权利——无论是法定的还是道德上的——贯穿法律和法律体系始终,因此是法学关注的核心概念之一。正义理念则既是国内法体系所宣扬的一种美德,也由于其对普世性的主张而追求超越法律本身。

个人和集体现在动辄主张他们享有对几乎任何事物的权利,并且很熟练地声称他们的权利受到了侵犯。政府和国际组织在保护和促进妇女权利、少数群体权利以及一般公民权利问题上承受了越来越大的压力。许多国家制定的权利法案都对法院施加了新的义务，要求他们承认那些或明或暗地得到保护的权利。

什么是权利？我所享有的得到法律承认的权利和我认为我应当享有的权利之间有没有区别？个人要求越来越多不同类型的人权会产生什么问题？当某些权利——比如劳动权利或者受教育的权利——的实现要求相当大的财政支出时,坚持这些权利是否合适?

虽然法律理论努力寻找答案来回答这样一些问题,但其主要任务还在于阐明权利的概念并逐渐构建出一些理论来证明或解释权利的本质以及如何协调各种互相冲突的权利。

有两种主要的权利理论。第一种被称为“意志”理论，主张当我有权做某事时，得到有效保护的是我做或者不做这件事的选择权。它强调的是我的自由和自我实现。第二种理论被称为“利益”理论，主张权利的目的是去保护我的某种利益，而非个人的选择权。它通常被认为更好地说明了享有某种权利意味着什么。

赞成后一种理论的人提出了反对“意志”理论的两点理由。首先，他们驳斥权利的本质就是有权免除他人的责任这种观点。他们认为，法律有时虽然没有消灭我的实体权利，但还是限制了我弃权的权利(比如，我不能同意谋杀或者通过订立契约转让某种权利)。其次，在实体权利和执行权利之间存在着区别。因而很显然小孩子没有放弃这些权利的能力或选择权，但他们认为如果因此说小孩子没有任何权利则是非常可笑的。

霍菲尔德

任何对权利的分析，出发点通常都是美国法学家韦斯利·霍菲尔德(1879—1918)作出的著名分析。他试图阐明，“X 有权做 R” 这个命题可指如下四件事之一。首先，它可以指 Y(或者任何其他人)有义务允许 X 去做 R；这实际上就意味着X 对 Y 有一种**请求权**。他把这种请求权称为只是一种“权利”。其次，它可指 X 可以自由地做或不做某事；Y 对 X **不负任何义务**。他把这个称为“特权”(尽管通常被描述为“自由”)。再次，它可指 X 有能力(power)去做 R；X 只是自由地去做某个行为，这个行为改变了法定的权利义务或者一般的法律关系（比如出售其财产)，而不管他有没有请求权或者特权去这样做。霍菲尔德在此意义上称其为“能力”。最后，它可提示 X 不必遵从 Y（或者任何人）的权力去改变自己的法律地位。他把这个称为“豁免权”。

霍菲尔德认为，这四种权利中的每一种都有“相反方”和“对应方”（如同一枚硬币的两面），如下面方框所示。

霍菲尔德的“权利义务关系图解”

相反方	权利	特权	能力	豁免权
	无权利	义务	无能力	责任
对应方	权利	特权	能力	豁免权
	义务	无权利	责任	无能力

换言之，用霍菲尔德自己的例子来说，如果 X 享有某种指向 Y 的**权利**，即 Y 不得进入 X 的土地，则**对应的**（也即相当于）是 Y 有**义务**避开 X 的土地。**特权**的**相反方**是**义务**，其**对应方**则是**无权利**。因此，虽然 X 有**权利**（或者**请求权**）要求 Y 不得进入他的土地，X 自己则有进入土地的**特权**，或者换言之，X 并没有义务避开。

霍菲尔德主张，请求权（即通常意义上的权利）是与义务严格**对应**的。说 X 享有某种请求权就是说 Y（或其他人）对 X 负有某种义务。但是说 X 享有某种自由并**不等于**说任何人对他承担某种义务。因而，如果 X 有戴帽子的**特权**（或自由），Y 对 X 并不承担**义务**，而是**没有权利**要求 X 不戴帽子。换句话说，自由的对应方是无权利。同样地，能力的对应方是责任（即对某人的法律关系被另一个人改变承担责任），豁免权的对应方是无能力（即无力改变另一个人的法律关系）。

这种分析非常有影响力，尽管它也有一定的局限性。霍菲尔德的所有四种权利（用现代的话语来说，通常被称为请求权、自由、能力和豁免权）都是**指向某个或某些特定人**的权利。但如果说只要我承担某种义务，其他人就享有某种相应的权利，这看起来并不正确。反之亦然。如果你（或者其他人）不享有某种权利，我是否就真的不可能承担某种自己应该去履行的义务？例如，刑法对我施加了某种义务（比如说，要遵守道路交通规则），但我履行这些义务时，并没有特定人享有一种对应的权利。这是因为有可能存在着做某事的义务，但这种义务却不是对**某个人**承担的。例如，警员有明确的义务告发罪犯，但他并不是特别针对某个人承担这种义务，因而，这也就不会使任何人产生权利。

即使人们对**某个人**负有做某事的义务，这个人也不必然就享有任何对应的权利。例如，教师对其学生有一定的义务，但这并不必然赋予学生任何权利。同样，我们承认对婴儿或动物有某种义务，但许多人会主张这并不能得出婴儿或动物享有权利。相反，建立在对应性基础上的权利理论有一个好处，即某种权利，比如就业权的主张者必须确定谁有义务为他找到工作！

权利理论

我们生活在权利时代。人权、动物权、道德和政治权利在公共辩论中起着主要作用。但除了以权利为基础的理论，一些道德和法律哲学家采取的理论要么是以义务为基础，要么是以目的为基础。三者的区别值得关注，这种区别可阐明如下：你反对酷刑，因为这会给受害者带来痛苦（这是以权利为基础），或者是因为酷刑贬损了施刑者的品质（以义务为基础），或者你可能认为酷刑只在影响了当事人以外的人的利益时才是不可接受的（以功利主义目的为基础）。

罗纳德·德沃金的法律理论立基于其权利命题之上（参见第三章）。权利是王牌。获得平等关注和尊重的权利对人的尊严和公平社会来说是最基本的。平等被赋予了优于自由的地位，平等权利理想在许多社会都有着重大的影响；关于这一点可以回想一下美国1950年代的民权运动以及南非种族隔离政策的

图9 非洲民族会议领导人纳尔逊·曼德拉在经过27年的监禁生涯后被释放。这是他被释后不久与本书作者在一起。作为一名训练有素的律师，曼德拉对推翻南非种族隔离制度所作出的贡献，使其成为与不正义作斗争的国际典范以及建立法律面前的自由平等制度的斗士。

瓦解。借助建立在相对简单的人类平等概念基础上的法律和道德论证的力量，宪法变革已经完成。

人权概念在当代政治法律论争中占突出位置。收听或收看新闻或者展开一份报纸，人权问题无处不在。人权概念依赖于这样一种主张，即我们每个人作为人，不管种族、宗教、性别或者年龄如何，都享有一些基本的、不可剥夺的权利——仅仅是由于我们属于人类这个群体。这些权利是否得到法律承认并不重要，他们是否源自一种“更高”的自然法也同样无关紧要（参见第一章）。

联合国在纳粹大屠杀后通过的 1948 年《世界人权宣言》、1976 年《公民权利和政治权利国际公约》和《经济、社会及文化

图 10　在美国，呼吁法律面前人人平等的运动是漫长而痛苦的。多种形式的种族偏见被付诸行动，在美国南部则产生了最暴力的形式：1889 至 1918 年间，2,522 个黑人被以私刑处死，其中包括 50 名妇女。

权利国际公约》显示了国际社会对普遍人权观及人权保护所作的贡献。

人权经历了三代。第一代人权大多是消极的公民和政治权利，由 17、18 世纪英国政治哲学家如霍布斯、洛克和密尔发展形成（参见第一章）。这些权利的消极性是指它们通常禁止干预权利持有者的自由。一个很好的例子是美国宪法第一修正案，它规定立法机构限制公民的言论自由是非法的。

第二代人权主要包括积极的经济、社会和文化权利，比如受教育权、获取食品或者医疗服务的权利。第三代人权主要是集体权利，这在《世界人权宣言》第二十八条已有所体现，该条宣布“人人有权享受本宣言所载权利与自由可得全部实现之社会及国际秩序”。这些“连带性”权利包括社会经济发展权利，分享地球空间、科技信息并从中受益的权利（这对第三世界国家尤为重要）以及享受健康环境、和平和人道主义灾难救济的权利。

正义

人们通常将法律等同于正义。法院被叫做“正义的法院”（courts of justice），他们的建筑大楼上异常醒目地刻着这几个字或者饰有代表平等和公平的象征物。政府设立“正义”的部门（ministries of justice）来监督法律体系的运行。嫌疑犯不再是受到指控或者起诉，而是被“送交法院审理”（brought to justice）。但我们需要保持警惕，法律有时也会偏离正义。更糟糕的是，法律甚至可以成为不正义的帮凶，如纳粹德国或者种族隔离时期的南非法律。虽然在道德社会里，法律会追求正义，但把二者相提并论却是错误的。

任何情况下，正义都不是一个简单的概念。对正义主题的探讨大多从亚里士多德的主张开始。亚里士多德认为，同等情况同等对待、“不同情况”根据其不平等的比例区别对待就是正义。他还区分了“矫正”正义（矫正一方对另一方犯下的错误）和“分配”正义（试图根据每个人应得的程度给予其应得的一份）。在亚里士多德看来，分配正义是立法者主要关注的对象，但他没有告诉我们正义实际上是什么。

我们从罗马人那里得到了稍微清晰些的指点。《民法大全》是在罗马皇帝查士丁尼（482—565）的命令下编纂的民法典。其中正义被解释为“给予每个人其应得之物的永恒不变的意志”；“法律规则”被界定为“诚实地生活、不去伤害他人并给予每个人其应得之物”。这些表述尽管相当笼统，但确实至少包含了任何正义观都具备的三个重要共同特征：首先，它表明了个体的重要性；其次，它表明个人应当受到始终如一地无偏见对待；再次，个人应当受到平等对待。

作为正义的一个关键要素，不偏私的重要性经常以具体的形象得到描述。如正义和法律女神西弥斯，她总是一只手抓住一把剑，另一只手拿着一架天平。剑象征着占据司法职位者的权力；天平则象征着中立和不偏私，这正是正义得以实现的保证。在16世纪，艺术家们把她描绘成眼睛被蒙起来，以强调正义无视外物：正义拒绝任何压力或影响。

我们在寻求一个满意的正义概念时，平等看起来是有帮助的。同等情况同等对待、不同等情况区别对待的处理原则具有某种吸引力，但前提是我们能在用以区分个体的相关依据方面达成一致，这些依据在客观上应该可以被确定。其中一个依据也许是他们不同的需求。伊丽莎白富有，詹姆斯贫穷。一个公道的人会反对提供财富给詹姆斯而非伊丽莎白吗？也许有人会反

图 11 通常所说的正义女神戴着眼罩，一只手拿着天平，一只手握着长剑。图中雕像矗立在伦敦中央刑事法院(老“贝利”)之上。

对，如果詹姆斯贫穷是他自己肆意挥霍和铺张浪费造成的话。需求原则因而并非没有缺陷。

那么应得原则又如何呢？正义能否由个人的应得份额体现出来呢？人们经常说某个人得到了他“正好应得的”，表明由于多丽丝工作努力，所以她比鲍里斯晋升快是应当的。但鲍里斯可能缺少多丽丝那样的干劲，因为他还得养家糊口，身体上的疲惫妨碍了他对工作的投入。由于他对压抑的家庭困境缺乏完全控制能力，因此把正义建立在应得的基础上可能实际上会导致不正义！

个体之间的正义所存在的问题并不比来自社会正义的挑

战更易于应对：后者面对的是如何建立起社会和政治制度来公平地分割蛋糕。对正义问题的现代论述倾向于关注社会如何能够最公平地分配社会生活的负担和利益。其中一种特别有影响力的理论是功利主义的正义理论，以及它的现代变体——法律的经济分析学说。本章以下内容将主要探讨这种研究正义的方法。之后，我将简述约翰·罗尔斯著名的"正义即公平"理论的主要内容。

功利主义

根据功利主义者的观点，正义存在于幸福的最大化。最有名的是杰里米·边沁（我们已经在第二章中研究过他的实证主义理论）的主张，认为由于在日常生活中我们力求快乐、避免痛苦，所以我们也应当这样构建社会，以实现趋乐避苦：

> 自然使人类臣服于两个至高无上的主人——**痛苦和快乐的统治**。正是痛苦和快乐指示我们应当做什么，同时决定着我们将会做什么。一方面是对错标准，另一方面是因果之链，都系于痛苦和快乐的宝座……**功利原则**承认这种制约关系，并假定这种制约关系是整个制度的基础，该制度的目标是要用理性和法律之手来建构幸福的经纬。试图质疑这一点的制度沉溺于传闻而非理智，惯于反复无常而非理性判断，总是暗箱操作而非光明正大。

因此，起决定作用的因素是我们行为的结果：这些行为使我们快乐还是悲伤？边沁认为，通过应用一种"幸福计算法"，我们可以检验任何行为或者规则的"幸福因子"。功利主义关注行为的结果，因此被描述为“结果主义”的一种形式；结果主义要与伦理学中的义务论体系区分开来，义务论认为行为的对错在逻辑上是独立于其结果的——“即使天塌下来也要伸张正义！”是义务论高呼的一个口号。

我们要注意到功利主义可分为“行为功利主义”（根据行为本身的结果好坏来判定行为的对错）和“规则功利主义”（根据规则的结果善恶来判定行为的对错，这条规则规定人人在相似的情况下都应当采取这个行动）。这一点区别非常重要。

一般而言，对功利主义的探讨主要关注“行为功利主义”，尽管法学理论家经常诉诸“理想的规则功利主义”，即根据某条规则的善恶来判定行为的对错，**如果这条规则得到遵守**，就会比遵循支配着同一行为的其他规则产生更好的结果。这种规则功利主义在一些情况下有着明显的优势，比如当法官要对是否应当判给原告损害赔偿金作出裁决时，显然他必须忽视其判决对特定被告所造成的结果。

现代功利论者倾向于把边沁那种快乐主义的行为功利主义模式看得非常古怪。约翰·斯图亚特·密尔的功利主义模式区分了高级和低级的快乐——意味着快乐是善的一个必要条件，但除了快乐与否外，善还取决于经验的品质。然而，密尔的功利主义模式在当时也没有多少人赞同，这也许是因为边沁和密尔似乎用他们自己的喜好来取代了他们认为人们**应当有**的喜好。

因此，当代功利论者会探讨使人们在获得他们**想要**的东西方面实现最大化；我们应当努力满足人们的**喜好**。这样做的可取之处在于不强加任何不考虑个人选择的“善”的观念：你可以喜欢足球胜过福柯，或者喜欢摩城唱片公司的音乐胜过莫扎特。但这种态度也为其本身存在的问题所扰，具体见下文。

评估我们行为的结果

我困在一个荒岛上，和我一起的只有一个奄奄一息的人。这个人在他临死前委托我把 10,000 美元转交给他的女儿丽塔，如果我能设法回到美国。我答应了他。当我获救后，我找到了丽塔，发现她住在一幢大厦里；她已经嫁给了一个百万富翁。区区 10,000 美元对她现在的经济状况而言几乎没有任何意义。我是否应当转而把这笔钱捐给慈善机构？作为一个功利论者，我要考虑我行为的可能**后果**。但后果是什么呢？我必须把违反允诺的后果和将这 10,000 美元捐给一家动物福利慈善机构的好处进行权衡。我坚守允诺会比违反允诺有更好的结果吗？如果我违反诺言，那么我也不大可能会遵守我许下的其他诺言，同时其他人也可能会被怂恿随随便便地对待遵守诺言问题。换句话说，我必须竭力去计算我的选择可能导致的所有后果。但是，一个非结果主义的康德主义者会声称我之所以应当把钱交给丽塔是因为我已经答应这么做了。指导我行为的应当是一个不容质疑的过去的事实：我的诺言，而非某些不确定的将来的结果。我也许会回答说，我的确考虑我许下诺言这个过去的事实——但仅在它对我把钱给慈善机构而非给丽塔这个行为的**总后果**有影响的限度内考虑。我也许还会说，认为我有义务去遵守**每一个**许下的诺言，这种主张是荒唐的。

功利主义用合意的可感知的人类幸福观取代道德直觉作为正义的衡量标准，这一点具有相当大的吸引力。但功利主义理论一直以来都遭到很多人的抵制，这些人认为它没能认识到"人的分化性"。他们认为功利主义只把人看成是手段而非本身就是目的,至少纯粹的功利主义是这么看。他们还声称,在功利主义者看来,孤立的个体仅仅在为人们找到价值提供途径或定位上具有重要性。

其次,功利主义的反对者还认为,功利主义的观点尽管平等对待个人,但事实上只是把个人看成都是没有价值的:他们的价值并不是作为人所具有的价值,而是作为快乐或者幸福的"体验者"所具有的价值。再次,批评家质疑为什么我们应当只把快乐或者幸福总量的增加看成是一个有价值的道德目标,并认为这与对幸福、福利等进行分配的所有问题无关。

对功利主义的第四种批评意见声称功利主义者所用的类比——理性个体为了以后的满足而审慎地牺牲当前的幸福——是错误的,因为这个类比把我的快乐看成可以被他人的更大快乐所取代。有人对功利主义所给出的最核心假定提出了批评:我们为什么应当试图满足人们的欲望?某些欲望,比如虐待动物,不值得去满足。我们的需要和欲望在任何场合下不都是受到广告的操纵?若如此,我们能否从我们"被控制的"偏好中分离出"真正的"偏好?还有,对功利主义者来说,试图说服个人喜欢德沃金胜过杜沃[1]音乐可以接受吗?若能接受,我们如何证明这样做是正当的?如果我们回答说是功利原则要求我们这样做的,这难道不是在暗示幸福计算法不仅包括我们现在想要的,而且还包括将来某一天我们在被说服或者接受再教育后决心想要的东西?

约翰·罗尔斯提出了一个不同的观点,他认为功利主义者是在用"善"来定义正当。这就意味着功利主义理论从"善"(如

① 英文为Doo Wop,一种节奏布鲁斯音乐,首先在美国黑人社区兴起。——译注

幸福)的观念开始,然后得出结论:只要能使"善"最大化,一个行为就是正当的。

我们是否任何时候都应当努力使福利最大化?有人认为公正地分配福利更重要。批评家批判的另外一点是很难计算人的行为后果:我们如何能事先知道我们计划去做的事情会导致什么样的结果?我们计算行为结果又(能)算到将来多久为止?

试图把我的快乐与你的痛苦进行比较显然存在着很多困难。同样,在一个较大的范围内,法官或立法者很少会觉得在两种或更多的做法中进行选择是件易事,也很少会觉得在多数人的幸福和少数人的不幸中作通情达理的平衡轻而易举。

法律的经济分析

和功利主义一样,支持对法律进行经济分析的人认为我们每天的理性选择应当成为社会公正的基础。这种理论主张,我们每个人都试图使自己欲望的满足最大化——如果这意味着要付出某种代价以实现这个目标,我们一般情况下也乐意这样做。换句话说,如果我非常想要一部法拉利,我就会乐于筹钱来购买。

这种现代形式的经济快乐主义的主要倡导者是法学家兼法官理查德·波斯纳(1939—)。虽然他否认自己赞成功利主义的立场,但波斯纳主张很多普通法似乎都可以解释为法官是在努力使经济福利最大化。换句话说,许多法律规则的建立都是着眼于在司法中努力实现最高效的结果,虽然人们经常没有意识到这一点。波斯纳认为,法官经常通过选择一个将会最大化社会财富的结果来裁决棘手的案件。波斯纳用"财富最大化"这个词所指的是这样一种情势,在这种情势下,善和其他资源都在最重视它们的人的控制之下;也就是说,这些人为了拥有这些资源愿意也能够**付出**更多。

举个简单的例子，假定你以五美元的价格买到我这本书的复制本。你愿意支付的最高价格是十美元。这样你的财富就增加了五美元。同样地，波斯纳认为当社会上所有资源的分配能使每个人交易的总额都尽可能高时，社会财富就最大化了。波斯纳认为，这正是社会应当追求的。

波斯纳和他所属的所谓芝加哥学派认为，经济因素解释了若干法律规则的发展。例如，在有关过失的法律中，责任的确定通常取决于哪种方式最经济高效。普通法的方法是在从事互动行为的人之间分配责任，从而最大化行为的共同价值，或者说，最小化行为的共同成本。这一点的实现或通过重新定义财产权利，或通过设计一种新的归责准则，或通过对契约权利的认可。波斯纳照此方式分析了普通法的若干方面。

阅读波斯纳的长篇巨著确实要求对经济学理论有相当程度的了解。特别地，他使用了各种不同的效率概念，尤其是帕累托最优和卡尔多—希克斯检验。前者（根据意大利经济学家维尔弗雷多·帕累托命名）描述了一种状态，对这种状态的任何改变都会使至少一个人较改变前情况恶化。当获益者所得价值的增长超过失利者的损失时，这种变化就被称为卡尔多—希克斯效益。二者都是根据付出代价的乐意程度来衡量的。波斯纳还应用了“边际效用递减”的概念，此概念指出这样一个事实：把一美元给一个穷困的乞丐会对他的财产产生重大影响，而对一个百万富翁来说，是否给他一美元几乎没有任何影响。

著名的科斯定理（根据经济学家罗纳德·科斯命名）假定了一种情形，这种情形下，有一种结果是最“有效率”的。具体的例子可参见第 68 页方框中描述的情形。

然而，现实生活也许比这个简单的例子所说的要复杂得多。在此过程中，不可避免地要产生某些成本。科斯定理最直接的形式也许可以表述如下：当交易成本为零时，有效率的结果就会出现，而不管法律规定如何。

上面说的和正义有什么关系呢？它假设了财富的一种初始分配，这种分配可能完全不公平。"效率"是一种维持不平等现状的手段。换言之，法律的经济分析是否只不过是一种特定的增强资本主义自由市场体系的意识形态偏好呢？

也许更根本的问题是，财富的最大化真的等于正义吗？财富最大化是否真的是一种价值——自足价值或者工具价值，以致一个社会会认为牺牲正义也值得，这是令人怀疑的。许多人怀疑不断增长的社会财富是否真的会改善社会，或者指出我们的欲望比波斯纳所主张的要复杂得多。

正义即公平

约翰·罗尔斯（1921—2002）的《正义论》被广泛认为是一本绝世之作。该书详述了正义即公平的概念，并理所当然地[①]成为当代讨论正义问题所关注的焦点。

正义即公平的概念初看上去也许会让你感觉是老生常谈。然而，罗尔斯在拒绝将功利主义作为确定正义的一种方法时也就拒斥了不平等这个概念——即使不平等确保了福利的最大化。他认为，福利并不关乎利益，而是关乎"社会基本善"，包括自尊。罗尔斯尤其强调正义问题优先于幸福问题。换句话说，只有当我们认为某种幸福是正义的我们才能判断它是否有任何

① 此处为双关语，"理所当然地"原文justly，与"正义"一词的原文justice具有相同的词根。——编注

一家工厂排放的废气弄脏了附近五户居民晾在户外的衣服。如果没有任何补救措施，每户居民就要遭受75美元的损失，加起来总共375美元。废气造成的损失可以通过两种方式来避免：或者在工厂的烟囱上安装过滤器，这个方案所需成本为150美元；或者给每户居民提供一个电动滚筒式干洗机，所需成本为每户50美元。比较高效的解决方案是安装过滤器，因为它只需花150美元就能消除总共375美元的损失，比买五台电动干洗机要便宜，因为五台干洗机需要花250美元。如果把享有清洁空气权赋予居民或者把排污权赋予工厂，结果是否会更高效？如果是前者，工厂有三种选择：排污并支付375美元的赔偿金、安装150美元的过滤器或者购买总价250美元的五台电动干洗机给居民。工厂自然会安装过滤器：这是最经济的解决方案。如果存在排污权，居民也有三种选择：忍受375美元的集体损失、花250美元买五台干洗机或者花150美元买过滤器给工厂。这样，居民也会选择买过滤器。因此不必考虑法律权利的分配就能实现一种高效的结果。

这种假设基于这样一种观点，即居民为与工厂磋商而集合起来不会蒙受损失。科斯把这种情况称为"零交易成本"。

价值。在了解酷刑的实践本身是否正义之前，我们如何能知道汤姆从酷刑中得到的满足应不应当被认为有价值？换言之，功利主义用善来定义正当，而罗尔斯则认为正当优先于善。

该书第一章谈到了霍布斯、洛克和卢梭的社会契约理论。罗尔斯的正义即公平理论就是植根于这些永恒的理念。在《正义论》中，他的构思所展现的目标是要把社会契约上升到一个

图 12　约翰·罗尔斯的“正义即公平”理论产生了重要影响。

更抽象的水平。要做到这一点，罗尔斯认为，我们不应把原始契约看成是人们为进入某个社会或者建立某种形式的政府而达成的契约，而应认为原始协定的目标是关于社会基本结构的正义原则。这些原则是试图增进其自身利益的自由理性的人们会在平等的初始状态下认可的，它们将被视为明确规定了人们进行联合的基本条件。这些原则调整着所有更进一步的协定，并规定了社会合作的类型以及能被建立起来的政府的形式。罗尔斯把这种处理正义原则的方式称为正义即公平。

罗尔斯强调需要区分人们对正义的真实判断与他们主观、利己的直觉。对二者间不可避免的区别必须加以调整，调整的方式是重新审视我们自己的判断从而最终达到一种状态，在这种状态下，我们经过思考的直觉与我们深思熟虑的原则协调一致。这种状态就是“反思的平衡”。

罗尔斯提出了一种想象的图景：处在“原初状态”中的人们，在“无知之幕”的遮盖下讨论着正义诸原则。他们不知道彼此的性别、阶层、宗教信仰和社会地位。每个人都代表了某个社会阶层，但他们不知道自己是聪明还是愚蠢，是强还是弱，甚至不知道自己生活在哪个国家或时期。他们只对科学和心理学的准则有一定的初步了解。

在这种几乎全然不知情的状态下，他们被要求全体一致地选出一些一般原则，这些原则将规定他们作为一个社会整体生活于世的条件。在这个过程中，他们会受到理性自利的驱动：每个人都寻求那些可以给他或她（不过他们并不知道自己的性别！）最大的机会来实现其选择的良善生活之设想的原则。由于被隐去了个体特征，罗尔斯认为，原初状态中的人们会选择一种“最大化最小值”的原则，这个原则通过罗尔斯本人给出的损益表得到了说明（此处对该表作了轻微改动）。

我现在需要从一些可能发生的经济状况中进行选择。假设我选择 D1，且 C1 发生了，那么我将损失 700 美元；但如果 C2 发生的话，我将获得 800 美元；如果我实在幸运碰上 C3 发生了，我将获得 1,200 美元。同样的情况也发生在 D2 和 D3 两种决定下。因此，获利的情况 g 要依赖个人的决定 d 和经济状况

c。[①] 这样，g 就是 d 和 c 的一个函数。或者，用数学公式来表示就是 $g = f(d, c)$。

我将如何选择？“最大化最小值”原则要求我们应当选择 D3。这时，我可能遭遇的最坏状况是获利 500 美元。这显然比另外两种选择下的最坏状况（此时我要损失 800 或 700 美元）要好。

决定	经济状况		
	C1	C2	C3
D1	−$700	$800	$1,200
D2	−$800	$700	$1,400
D3	$500	$600	$800

在进行选择的过程中，原初状态中的人们作为理性的个体也将选择这样一些原则，这些原则确保当人们揭开无知之幕时，自己所处的最坏状况是所有可选择情形中最有利的。换句话说，我将选择的原则是，如果我恰好最终处在社会秩序的最底层时那些对我最有利的原则。类似地，罗尔斯认为，原初地位中的人们会选择如下两个原则：

[1] 每个人都有权平等地享有一系列最广泛的基本自由，这种自由与其他所有人所享有的类似基本自由并不矛盾。

[2] 我们应这样安排社会和经济上的不平等，使得这种不平等：

(a)对最弱势的群体最有利，并符合正义的储存原则，而且

① 本句中字母g、d、c分别代表“获利”、“决定”、“经济状况”三词的原文gain、decision、circumstance。——编注

(b)这种不平等隶属于公平机会平等条件下，公职和职位对所有人开放。

第一条原则较第二条有着一种罗尔斯所说的“词典序列上的优先”。换句话说，原初状态中的人们把自由置于平等之前。何故？由于上述“最大化最小值”策略，没有人愿意冒险拿自己的自由作赌注——如果揭开无知面纱，他们发现自己就是社会最倒霉人群中的一员呢！

同样，人人都会选择第二条原则中的(a)款，即所谓的“差别原则”。这确保任何人可能遭遇的最坏结果便是“最弱势”，而且如果他们确实最终成为这群人中的一员时，他们将从该条款中受益。由于存在着处境更糟或者改善处境的机会减少的风险，选择这个原则而非绝对平等或者某种形式的更大不平等是完全理性的。在一个把自由置于平等之上的社会，人们将能更好地改变其命运。为什么呢？因为各种不同的“社会基本善”(罗尔斯认为包括权利、自由、权力、机会、收入、财富，尤其包括自尊)更有可能在一个保护自由的社会获得。

罗尔斯认为，原初状态中的人们将选择差别原则，因为如果他们最终被发现属于弱势的人群，该原则的两个主要竞争者(“天赋自由体系”和“机会公平平等”观念)都无法给他们提供一个幸福的前景。前者对应的是一个未受控制的、对财富分配漠不关心的自由市场经济。罗尔斯认为，原初状态中的人们将抛弃这个原则，因为这个原则“允许份额的分配受到……一些从道德的观点来看是非常任意的因素不适当地影响”。人们将把碰巧生在一个富裕的家庭看成是与道德无关的事情。

人们也会摒弃第二种安排，即使它明显地比第一种更为可取。虽然它肯定天赋才能及其应用,但这个体系也存在着一个类似的不足:它把道德与个人才能联系起来,而这种联系和成为一个百万富翁的后代相比,也同样是很偶然的因素。无论是哪一种情况,出身的偶然性与应得都没有任何联系。但是,如果人们选择了差别原则,该原则就会保证有才能的个人可以增加其财富,只要在这个过程中他们也同样增加了最弱势群体的财富。

注意,罗尔斯的第二个原则包含两点重要限制以确保最弱势群体的利益。首先,他提出了“正义的储存原则”要求原初状态中的人们扪心自问,假设所有其他世代的人们愿意以相同的比率储存,则他们在社会的每个发展阶段上愿意储存多少。记住一点,他们对其所处的社会已经达到何种程度的文明并无丝毫概念。因此他们会为了后代人的利益而储存一些他们自己的资源。第二个限制指向这样一个事实,即工作机会应当向每个人开放。

罗尔斯的研究计划雄心勃勃,虽然他获得了无数赞赏并引发了大量研究文献,评论家们还是对其理论的若干内容表示了意料之中的保留意见。比如,有人反对社会善的任何固定模式的分配这种观念。其他人则抨击“原初状态”虚假(是否真的可以完全隐去人们的价值标准?)或者必然会产生罗尔斯假定的结果:为什么人们应当更青睐自由而非平等?

为回应这些批评,罗尔斯在1993年出版的另一本书《政治自由主义》中提炼并修正了他最初的一些观点。我在这里无法分析这种种批判性争论,但是在这本后期著作中罗尔斯澄清了一个重要的误解。他解释道,“正义即公平”并不试图规定社会正义的一种通用标准。他的理论是实践型的,与现代宪政民主政治息息相关。换句话说，他的理论是一种政治和实践上的——而非形而上学的——正义观，是一种在哲学上中立的、超越哲学论争的理论。

为追寻他所说的“重叠共识”，罗尔斯假定其正义诸原则是一个有着相互冲突的利益和价值标准的多元、民主社群中的成员可达成政治共识的条件。其政治自由主义概念承认，这种共识可能会受到一个国家所确立起来的共同的道德或宗教信条的挑战，但是，社群的正义感将压倒国家对公共善的解释。

第五章

法律和社会

迄今为止我们一直关注的是规范性法律理论，以及这种理论所作的可以说是从法律内部来阐释法律概念的努力。也就是说，规范性法律理论关注法律学说以及规则、概念、原则与法庭和律师在实际法律实践中所运用的其他观念之间的关系。但还存在另一种法律分析的研究路径，它试图通过诉诸现象运行的社会环境来理解这些现象的本质。这种社会学方法对法哲学产生了相当大的影响，虽然这种影响经常不被人承认。

例如，哈特坚持认为官员应“内在地”认可承认规则，并主张应当对作为共同标准的特定行为模式采取一种“批判的反思态度”（参见本书第二章），这与马克斯·韦伯的内在合法性概念（见下文）正相呼应。

法律的社会学阐释通常要依赖三个紧密相连的主张：除非把法律看成是一种“社会现象”，否则无法理解法律；对法律概念的分析只能提供对“运行中的法律”的一种片面解释；法律仅仅是社会控制的一种形式。

尽管社会法学或者法律社会学的起源可上溯至罗斯科·庞德以及欧根·埃利希的开拓性著作，本章主要集中研究的将是社会学理论的两个巨擘——埃米尔·涂尔干和马克斯·韦伯，他们的学说对法理学产生的影响是最深刻的。我也将论述卡尔·马克思对法律和法律制度的思考所产生的影响，同时还要论及两个主要的社会理论家于尔根·哈贝马斯和米歇尔·福柯，他们的著作一直对当代法学理论的某些领域产生着相当大的影响。

埃米尔·涂尔干

涂尔干（1859—1917）所关注的核心问题是使社会集结在一起的是什么。为什么社会不是七零八散的呢？涂尔干的回答指向法律在促进和维持社会凝聚中的关键作用。他指出，当社会从宗教信仰发展到世俗生活、从集体主义发展到个人主义时，法律就变得更加关注补偿而非惩罚。但是，惩罚在表达维系社会连带关系的集体道德态度时履行着一种非常重要的职能。

涂尔干区分了他所谓的机械连带和有机连带。前者存在于简单、同质的社会，这种社会有统一的价值标准，但缺乏任何重要的劳动分工。这些简单的社群往往在本质上是集体的，很少有个人主义存在。然而，在一些高度发达的社会里则存在着劳动的分工，亦即很高程度的依赖共生。这就存在着实质性的区别，并且个人主义取代了集体主义。涂尔干认为，这些形式的社会连带也体现在法律中：把不同类型的法律加以分类，然后你将会发现相应的不同类型的社会连带关系。

在涂尔干看来，犯罪是社会生活中非常正常的一面。他还极富争议性地提出，犯罪是所有健康社会必不可少的一部分。这是因为，犯罪与表现于“集体良知”中的社会价值标准密切相关：一个行为当其违反了这种扎根于人们心灵深处的集体良知时就构成了犯罪。一个行为并不因其是犯罪行为而冒犯了普遍良知，相反，因为这个行为冒犯了普遍良知所以它才是犯罪行为。

刑罚是涂尔干犯罪概念的实质要素:国家通过惩罚那些冒犯国家本身的人来加强这种集体良知。涂尔干把刑罚界定为“社会通过肉体施加的一种逐渐增强的激烈反应，以作用于那些违反了某种行为规则的社会成员”。

涂尔干还说明了刑罚作为社会控制的一种形式为什么在欠发达社会更加强烈。随着社会的发展,刑罚的形式变得不那么暴力和严酷。但由于刑罚是因犯罪而产生的,涂尔干得以从中发现犯罪行为的演变与社会连带形态之间的一种重要关联。

马克斯·韦伯

德国社会学家马克斯·韦伯(1864—1920)受过专业的律师

图 13 原始社会实行残酷的刑罚,比如用火刑烧死犯人。随着社会的进步,涂尔干认为刑罚的残忍程度在降低。

培训，并在其一般社会学理论中赋予法律一种核心作用。韦伯对法律类型的分类建立在不同种类的法律思想上，而“理性”是关键所在。以此为基础，韦伯区分了“形式”体系和“实质”体系。这个区分的关键点在于体系“内部自给”的程度。韦伯所说的“内部自给”，是指决策所要求的规则和程序在体系**内部**是容易知悉的。

韦伯所作的第二个重要区分是“理性”与“非理性”之间的区别：这些术语描述了“设施”（规则、程序）在体系内适用的方式。因而最高阶段理性的达致是当

> 所有以分析性方式衍生出的法律命题被整合到一起，整合的方式是它们构成一个逻辑清晰、内在一致并至少在理论上没有漏洞的规则体系，在这种体系下，韦伯暗示，所有可以想到的事实情境都必定能够被逻辑地包含进去。

此处将简要考察一下韦伯复杂理论中的两个主要而且相关的内容：他对阐明西方社会资本主义发展原因的关注，以及他的合法统治的观念。

关于第一个问题，韦伯试图表明法律只是间接受到经济环境的影响。他认为法律是“相对自治的”，主张“通常看来……法律结构的发展绝非主要由经济因素所决定”。在韦伯看来，法律**从根本上**与经济因素**相关**，但并非由其**决定**。理性经济行为（“营利行为”和“预算管理”）是资本主义制度的核心，这种理性主义得到了逻辑上形式合理之法律的确定性和可预测性的促进。这种法律的存在推动而非导致了资本主义的发展。

韦伯把形式合理的法律看作资本主义的一个前提条件，因

为这种法律提供了必要的确定性和可预测性，这是企业家从事营利事业所必不可少的。在韦伯看来，这种形式合理性的实现要求法律秩序的系统化，而这种系统化是英国法明显缺乏的。

那么，韦伯又如何解释英国资本主义的出现呢？这个问题一直困扰着许多社会学家。对韦伯著作中这个明显的矛盾有三种可能的解释。其一，很明显，虽然英国法缺少罗马法秩序的系统性，但仍然是一种高度形式主义的法律体系。实际上，韦伯把这种形式主义（例如，这种形式主义要求民事诉讼要遵循针对特定民事案件颁布的特定令状的准确严格程序）描述成是非理性的。韦伯声称，正是这种形式主义对法律体系产生了稳定的影响，这种影响在经济市场上产生了一种较大程度的安全和可预测性。

其二，英国法律职业人员在资本主义上升过程中特别集中在伦敦，靠近知名的商业区——金融城。而且，律师通常还充当商人和公司的顾问，这促使他们调整法律以符合其商业客户的利益。

其三，和欧洲大陆的律师同行相比，英国律师界在其教育、培训以及专业化过程中更像手工业行会，导致他们形式主义地对待法律，并受到先例的约束。这就导向了韦伯所说的遵循罗马法的"预防法学"：重点放在草拟文件并设计新的条款以防止将来的诉讼上。由此，律师及其客户（大部分是商业客户）之间便产生出一种非常紧密的关系。换句话说，这种法律实践的特征弥补了法律本身所缺乏的系统性。

因此，韦伯看来的确认为英国尽管缺少法律的体系化，却仍然发展出了一套资本主义经济制度，因为法律体系的其他重要成分促成了这一点，但如果普通法更加理性和系统，英国的资本主义经济制度会发展得更加迅速、更有成效。

总的说来，韦伯认为，西方社会中法律的形式理性化源于以下两点：资本主义对严格形式的法律和法律程序的关注；“引发对法律编撰制度和同类法律产生兴趣的专制主义国家里的官员理性”。他并不试图对这种现象进行经济学分析，而是确定出可说明这一发展过程的若干因素，这些因素中尤其包括官僚制度的成长，正是这一制度确立了对概念上已实现系统化的理性法律进行调控的基础。

在解释为什么人们认为自己有义务遵守法律时，韦伯作出了他对三种类型的合法统治的著名区分：**传统型统治**（“人们主张并认为这种统治具有合法性是基于古老规则和权力的神圣性”）；**魅力型统治**（基于“人们对具有非凡的神圣、英雄气概或者模范品质的个人的忠诚”）；**法理型统治**（依赖“人们对已颁布规则的合法性，以及根据这些规则获得权威颁布命令之权利的深信不疑”）。当然，第三种类型的合法统治才是韦伯对法律进行论述的核心特征。尽管法理型统治与韦伯的价值学说（赞成法律社会学家对其研究对象采取一种超然的观点）有着密切关系，但更重要的是这种形式的统治与现代官僚制国家之间的关联。在其他形式的统治下，权威存在于**个人**；官僚制度下的权威则归于**规则**。法理型权威的特点是其所谓的不偏不倚。但这种不偏不倚取决于韦伯所说的“形式主义客观性”原则：政府官员行使其职责时“没有任何爱恨，因而就没有任何倾向或热忱。其中的支配性规范是不考虑个人因素的诚实义务概念”。韦伯法律社会学的价值在于各种类型学之间的相互关系。例如，在一个处于法理型统治下的社会里，法律思想的形式是合乎逻辑的形式理性：司法和司法程序都是理性的，服从行为归因于法律秩序，并且行政管理的形式也是专业化的官僚。

另一方面，在一个由魅力型领导者统治的社会里，法律思想无论形式还是实质都是非理性的，司法是个人魅力型的，服从是对魅力型领导者的响应；在一个真正由魅力型领导者统治的社会里，压根没有任何行政管理存在。

虽然韦伯被广泛认为是法律社会学的带头人物，但批评他的人也在其分析——尤其是涉及上面简述的两种学说的分析——中找到了许多漏洞。例如，有人主张韦伯论述的统治程序比他集中关注的形式合法性的表现要复杂得多，有人则认为韦伯对资本主义在英国兴起的解释难以令人信服。

卡尔·马克思

虽然卡尔·马克思(1818—1883）和弗里德里希·恩格斯(1820—1895)没有对法律提供一种全面或者系统的论述，其社会理论却充满了对法律和经济(或物质条件)二者关系的观察。法律在此被赋予一种次于经济因素的地位：法律不过是上层建筑的一部分；和各种文化及政治现象一起，它是由各个社会的物质条件所决定的。

关于法律的描述，马克思主义者在论证物质基础与上层建筑以及法律的地位之间的关系时采取了两种立场。第一种立场被称为“原始唯物主义”，主张法律仅仅“反映”经济基础：法律规则的形式与内容对应着占统治地位的生产方式。人们通常认为这种关于法律为何如此的解释过于简单而且缺少逻辑联系。第二种见解被称为“阶级工具论”，主张法律直接表达统治阶级的意志。这种观点难以令人信服之处在于，它声称统治阶级实际上有一种被意识到的聚合“意志”。

马克思的学说基本上是采取历史的视角。也就是说，根据无情的历史力量来解释社会的发展。为取代黑格尔的历史辩证理论，马克思和恩格斯详细阐述了著名的“辩证唯物主义”概念。之所以是“唯物的”，是因为它声称生产方式取决于物质条件；之所以是“辩证的”，部分原因是由于他们预测了当建立在个人所有权和无计划竞争基础上的资产阶级生产方式与工厂里日益增强的非个人主义的社会性劳动生产产生矛盾时，两个敌对阶级之间就会存在不可避免的冲突，最终导致革命。他们认为，无产阶级将占有生产方式并建立一个“无产阶级专政”，无产阶级专政最终又将被一个无阶级的共产主义社会所取代，在共产主义社会里，法律最后也将成为多余。

法律扮演着一种重要的意识形态的角色。个人形成了一种对其不利处境的意识。马克思作过一个著名的论断：“不是人们的意识决定人们的存在，相反，是人们的社会存在决定人们的意识。”换句话说，我们的思想并不是任意或偶然的，它们是经济状况的结果。我们的知识是从对生产关系的社会体验中汲取的。这就部分解释了法律维系代表着统治阶级利益的社会秩序——作为“事物的自然秩序”而非由意志共同决定的欲望——的方式。

这种“占统治地位的意识形态”通过许多社会机制被默认为是事物的自然秩序。这些机制建立起一种“意识形态霸权”，从教育、文化、政治以及法律上确保这一套占统治地位的价值标准能够盛行。这种解释首先出现于意大利马克思主义者安东尼奥·葛兰西在狱中的著述，并由法国马克思主义者路易·阿尔都塞发展到一种更复杂精密的水平。

但是，当政府颁布改革性质的法律以改善工人阶级的命运时，马克思主义唯物主义者对法律的论述却陷入困境。这些法律如何能代表统治阶级的意识形态或利益？马克思主义者对此的一种回答是将国家论述成“相对自治的”。这种观点主张资本主义国家在做它想要做的事情以维护统治阶级的利益时并非完全自由，而是受到某种社会力量的束缚。但它不会容许对资本主义生产方式发起任何根本的挑战，它实际上是马克思和恩格斯所说的“管理整个资产阶级共同事务的委员会”。

由于法律是阶级压迫的工具，在一个没有阶级的社会里法律就是多余的。这就是马克思在其早期著作中所暗示的观点的本质所在，这一点又为列宁所重申。这个命题更复杂的版本声称，在无产阶级革命之后，资产阶级国家将被无产阶级专政席卷与取代。反动分子的抵抗被挫败后，社会就将不再需要法律或国家：它们将“凋谢”。

这个预言所存在的问题是，它把法律满不在乎地等同于对无产阶级的强制镇压。它忽视了相当多的法律还发挥着其他功能，而且即使（或者尤其）是共产主义社会也需要法律来对经济进行计划与调控。声称这些并非“法律”就会导致怀疑主义。

重要的是要注意在马克思主义法律理论中，法律并未被视作什么特殊的事物。历史唯物主义的核心是主张法律是“某种特定社会的结果”，而非社会是法律的结果。用巴尔巴斯[①]的话说，“法律拜物教”是指这样一种情况：“个人确认他们的存在归因于法律，而非相反。”就像存在着一种商品拜物教，也存在着一种法律拜物教，它混淆了法律体系权威的来源与法律主题，并造成一种印象，似乎法律体系有其自己的生命。法律拜物教

① 社会主义者，其发表于1977年《法律和社会评论》第11期的《商品形态与法律形态》一文，在法律社会学界产生了重大影响。——译注

图 14 马克思和恩格斯揭示了法律和经济的关系。

把法律看作是一种独立、特殊或者是可以识别的现象，它有着自己独特而自足的论证和思考方式——这为许多马克思主义者所不屑。

同样，他们不仅拒绝正义的概念——用马克思主义者的话来说，正义很大程度上取决于物质条件——而且还拒绝法治的理念，即法律作为维护自由的一组中立规则的概念。支持法治就要接受把法律看成是一个不带感情色彩的仲裁者，超然于政治冲突并远离任何特定群体或阶层的统治。马克思主义者拒绝接受社会的这种“共识”模式。

在社会的“共识”模式与“冲突”模式间进行选择对我们理解社会非常重要。我们已经看到，大多数法律学说都含蓄地采纳了一种一致的见解，把社会理解为本质上是一元的：立法机构代表了共同意志，行政部门的行为也符合公众利益，而法律则是一个中立的裁判，为了公共利益而秉公执法。不存在根本的价值冲突或利益冲突。任何冲突的产生都是发生于个人层面:维多利亚诉大卫违约,要求损害赔偿,等等。

与上述模式相对的“冲突”模式则把社会看作分化成两个对立阵营:占有财产、握有权力的一方以及一无所有的另一方。冲突是不可避免的。正是社会结构决定了个人境遇:个人要么是这个阵营的成员,要么是另一个阵营的成员,非此即彼。法律在这种情况下实际上表现为统治阵营维持其控制的手段,完全不是一个中立的裁判。

如何看待人权呢?通过第四章我们可以清晰地看到人权日益突出的重要性。社会主义者通常认为个人权利概念(以及其自私自利和自我主义的内涵)与马克思主义公有制哲学是不可调和的。因此他们明确拒绝权利概念与权利话语——除非在运用权利概念与话语也许能促进短期战略目标的实现时。他们的观点是认为,社会变革并不是就权利进行道德说教所产生的结果。

然而在早期著作中,马克思主张政治革命将终结市民社会与国家的分离。只有民主参与会终止人民对国家的疏远。因此,马克思自己对社会主义权利或社会主义制度下的权利的洞察看来源自他对资本主义社会与众不同的特征的批判:资本主义社会所产生的剥削与异化。

马克思区分了“公民权利”和“人权”。前者属于政治权利,其行使与其他政治权利一样,并且都需要参与到社群中去。后者则属于私权,其行使独立于其他私权,并要求停留在社群之外。马克思断言,“任何一种所谓人权都没有超出利己主义的人……封闭于自身、私人利益、私人任性的个人”。然后他又尤其着重补充道:“自由这一人权的实际应用就是私有财产这一人权。”

有人曾提出,不应当认为马克思在此是指这些“人权”(法律面前人人平等、安全、财产、自由)不重要,而应认为他是指这些权利的概念是建立在资本主义生产关系基础上的社会所特有的。要支持这种观点颇为棘手,因为马克思试图说明这些权利并没有独立意义。

马克思主义者经常主张资本主义是对真正个人自由的破坏。按照马克思的说法,私有财产体现了物质世界对人的统治,共产主义则体现了人对物质世界的控制。他使用"物化"这个概念来论述社会关系表现为事物间关系的过程。在资本主义社会里，马克思把这种具体化看作是工人远离其劳动成果的结果："劳动的一般社会形态以物的所有权出现",并通过"商品拜物教"而具体化。资本主义关系似乎保护个人自由,但法律面前人人平等不过是私有财产所有者之间一种形式上的财产交换关系：

> 革命的马克思主义者拒绝个人权利主要是因为这种权利体现了资本主义经济，并且在一个无阶级的社会主义社会里个人权利将是不必要的。这种拒绝基于对权利的四点反对理由：
>
> 权利的条文主义。权利使人的行为要服从规则的治理。
>
> 权利的强制性。法律是一种强制性手段。权利已经被玷污,因为它保护的是资本的利益。
>
> 权利的个人主义。权利保护的是利己的、分离的个体。
>
> 权利的道德主义。权利本质上是道德性的、乌托邦式的,因而与经济基础毫不相关。

但另一些马克思主义者认为,将权利看作必然是个人主义的太过草率。马克思主义历史学家E. P. 汤普森（1924—1993）既批判了将法律简单地归为阶级统治工具的马克思主义者，又批判了认为公民自由仅仅是一种模糊了阶级统治现实的假象的观点。他认为法律不仅仅是阶级统治的工具，而且还是一种阶级内部和阶级之间的“调停形式”。法律的功能不仅是为权力和财富服务，而且还会施加“有效的抑制于权力”，使“统治阶级服从其自身的统治”：

> 法治本身、对权力施加有效的抑制以及保护公民免受权力的全面侵扰，这在我看来似乎是一种无条件的人之善。在这个权力的资源和主张都在持续扩张的危险世纪，否认或轻视这种善是一种令人绝望的理性抽象上的错误。不仅如此，这还是一种会自我实现的错误，促使我们放弃反抗恶法以及根据阶级不同而适用的不同程序，在权力面前放下武器。这就是要扔掉整个与法律作斗争并在各种法律内部进行抗争的历史传承，只要法律不使人们陷入紧迫的危险，法律的连续性就不会遭到破坏。

许多马克思主义者反对全盘接受法治，这不足为奇。有人认为，支持对独裁统治进行限制并不表明马克思主义者就全面赞同法治。

苏联及其东欧卫星国的瓦解，以及其他一些地区社会主义因素的退潮，这些事实都冲击了马克思主义法律的理论和实践。

于尔根·哈贝马斯

作为当代德国最重要的学者之一，于尔根·哈贝马斯(1929—)因其哲学的独创性及敏锐的社会批判而受到人们的广泛尊敬，尽管对其观点进行解读并不容易。在哈贝马斯那些融入了敏锐的文化、政治和经济分析的诸多洞见中，有一个观点认为，尽管存在着无情的"工具技术统治意识"的发展及随之而来的"生活世界"的主宰，资本主义国家同样提供了更多的"交往行为"的良机。

哈贝马斯认为，资本主义和一个强有力的中央权力机构结合到一起就导致了"生活世界"——公共规范和身份领域——被侵扰。原子化和异化(马克思的阴影)由此产生。因为"生活世界"的确立过程取决于沟通和社会连带关系，这种侵扰就破坏了"生活世界"本身，并减少了集体自决的前景。但哈贝马斯承认，的确存在着关于事实、价值和内心体验的理性沟通对话的前景。

这和法律有什么关系？答案很复杂。既然哈贝马斯的"交往理性"概念建立在自由、平等的原则上，他采纳某种形式的自由主义就并非完全不合情理。在这样做的过程中，哈贝马斯区分了"作为中介的法律"和"作为制度的法律"。前者把法律描述为一组正式的一般性规则，这些规则控制着国家和经济。后者则存在于"生活世界"中，因而以制度的形式体现了其共同的价值标准和规范，例如刑法中触及道德的部分。与"作为中介的法律"不同，"作为制度的法律"要求合法性。事实上，哈贝马斯认为，在我们这个多元的碎片式社会，这些制度是进行规范性整合的强有力基础。

哈贝马斯主张,法律的合法性非常重要地依赖于制定法律的对话过程的有效性。因此,言论自由和其他基本民主权利对于其“交往行为”理论来说是非常关键的。

哈贝马斯的观点引发了一大堆讨论文章。比如,有人批评他对法律作为实现社会融合的媒介信心过大。还有的评论家则认为,哈贝马斯提出只有那些作为理性对话参与者的相关人都已赞同的法律规范才是有效的,这个观点有些凭空想象;他似乎在鼓吹一种雅典式的民主!

米歇尔·福柯

法国极具影响力的思想家米歇尔·福柯(1926—1984)的深奥思想直接和间接地涉及了法律在社会中的作用问题。尤其是福柯的非传统哲学(他在后期著作中更喜欢称其为“谱系学”)试图揭示权力的本质和功能。他认为,权力既不同于体力也不同于法律规制,它也不敌视自由或者真理。相反,他论证了从18世纪开始,通过诸如工厂、医院、学校和监狱等制度布局,人类的肉体如何被一种新的权力的“微观物理学”所支配。

规训由四种“实践”组成,每种实践都对受其支配者造成了重要后果。这种控制使受控者产生了一种“个性”,这种个性包含如下四个特征:“单位的”(通过 “空间分布的处理”)、“有机的”(通过行为的“整理”)、“遗传的”(通过时间的积累)以及“组合的”(通过“力量的组合”)。规训则“运转着四种伟大的技术”:它制定法则、规定动作、施加练习并对“策略”进行统筹安排以获得力量的联合。福柯总结道:

> 策略是一种创立机制的艺术,它确定主体的位置、整

理行为并训练才智；在机制内部，各种力量的产物通过适当的联合而得到增长。策略无疑是规训性实践的最高形式。

这些方法的应用使得社会秩序更加具有可控性。此外，规训性权力促使我们以逐渐被我们视为是自然的方式来行事。我们由此受到这些“技术”的控制与操纵：我们变成“听话的主体”——结果，资本主义就能发展繁荣。

福柯对权力的分析导致他质疑自由主义思想及其对国家集权的关注。实际上，福柯认为，通过对国家集权的关注，自由主义事实上促进了这种权力的控制，虽然自由主义本来试图削弱这种控制。

在福柯的世界里，规训权力几乎渗透进社会生活的每一个元素，法律因而并没有任何特殊的优先权。规训性政府把政策的重点放在对威胁社会秩序之事项的控制上，法律由此成为一种“社会学的解释”。形式平等的烟幕背后是作为后现代国家之显著特点的权力。

尽管福柯的著作大多令人不安且难以理解，他关于规训性权力实践的独创性研究路径通过把注意力从法律的制度运作转移到法律对作为个体的每个人的影响，阐明了社会控制的灰暗地带。

第六章
批判法学理论

前面五章所述的许多理论都受到了某些学者的怀疑,这些学者所推荐的理论从广义的角度来说可称为批判法学理论。这一派别的法学理论通常拒绝长期以来被认为是法理学核心的许多内容,并且否定所谓的事物自然秩序,不管是父权制(女性主义法学)、“种族”观念(批判种族理论)、自由市场(批判法律研究)还是“元叙事”(后现代主义)。这些领域的批判思想本章都将简要地进行考察。

可以说,批判法学理论的主要目的就在于对法律的普遍理性基础提出质疑。该理论断言,正是这种普遍理性赋予法律和法律体系一种虚假的合法性。批判法学理论也不承认法律是一个独立而分离的学科,它宣称,这种观点把法律概念描述成是自主的和确定的——独立于政治和道德,但法律永远不可能是这样。

确定性是一个神话,这是对法律进行批判性分析的一个重要组成部分。法律非但不是确定的、连贯一致的规则与原则的集合,相反,法律被论述为是不确定的、含糊的并且是不稳定的。法律不但不表现理性,相反,法律还复制了政治经济权力。而且,正如许多批判法学派的拥护者所主张的那样,法律既不是中立也不是客观的。为了实现中立,法律使用了若干虚构与幻想。最为明显的是,法律吹嘘法治之下人人平等的自由思想。但在批判法学派看来,这只是一个神话。社会正义是一个空洞的允诺。

批判法学派

批判法学派作为批评传统法律学说的广义左派,于1970年代形成于美国。起初,批判法学有三个与众不同的特征。首先,与政治学或者社会学不同,它处于法律内部。其次,它试图去应对自己在法律学说中确认的非正义。再次,批判法学采取了一种跨学科的方法,吸收政治学、哲学、文艺评论、心理分析、语言学以及符号语言学的理论来展开其对法律的批判。

批判法学运动不仅在美国的法学院,而且在英国、加拿大、澳大利亚以及其他国家的法律院校都引发了轩然大波。但是,尽管批判法学理论在当代社会显得别具一格,批判法学派实际往往被看成是美国20世纪二、三十年代现实主义运动的一个现代翻版。美国现实主义是指一群进步的律师、法官和学者拒绝接受奥斯丁、边沁、密尔和休谟的形式主义,并对"运行中的法律"提出一种更具社会学性质的论述。他们回避那些法律理论中的形而上学问题,认为这沉闷无聊,而且这类问题纠缠于诸如命令、规则、规范或者其他一些模式的概念内涵,而这些东西在他们所考察的"现实"中没有任何根据。

美国的现实主义热衷于经验问题,尤其是那些试图洞悉影响司法决策的社会学和心理学因素的问题。尽管这是种实用主义路径,美国的现实主义者本质上仍是法律实证主义者。因而,虽然他们没有完全拒绝法庭可以受到规则的制约这种观点,但他们主张法官行使判断力比通常认为的要频繁得多。当然，他们否认自然法，也不接受认为法官主要受法律规则控制的实证主义观点，但对于现实主义者来说，决定一个案件结果的关键因素是与案件事实相关的政治和道德机制。

批判法学运动之父奥利弗·温德尔·霍姆斯（1841—1935）引人注目地声称，普通法"并非上天无所不在的沉思，而是可以确定的主权者或半主权者清楚的发言"。作为联邦最高法院法官，霍姆斯合乎情理地认为法律应当按照法庭实际上所说的来界定。这一点在他著名的演讲"法律之路"中表现得尤为明显，该演讲是他在 1897 年为法学院学生所作的。他建议学生对法律和道德作清晰地划分：考虑法律是什么，而非法律应当是什么。

霍姆斯主张从一个"坏人"的立场来看法律："如果你想知道法律而非任何其他东西，"他声称，"你就必须作为一个坏人来考虑法律，坏人只关心实质结果，而法学这种学问就能让他预测出这个实质结果是什么。"霍姆斯还觉得法律的发展可得到科学地证成。他认为，"真正的法律科学，存在于从内部根据准确考虑过的社会要求而非传统所确立起来的基本原理之中"。

卡尔·卢埃林（1893—1962）采取了一种所谓功能主义的研究路径，把法律理解为承担着某种基本的**功能**，他称之为"法律工作"。他论证说，法律应当被看作是一部"有着种种目的而非价值上自足的"发动机。社会要持续运转下去，就必须满足某些基本的必要条件；这就引起了必须予以解决的冲突。这种对法律的功能主义解读，其核心思想是负责各种不同工作的法律"机制"。卢埃林说，一种机制就是一种组织化的行为，围绕着做一种工作或者一组工作而建立起来。法律所包含的最为重要的工作就是处理各种疑难案件。

确实，美国现实主义和批判法学派都持一种怀疑论以及反形式主义的观点，但将批判法学派视为一种“新现实主义”并不恰当。尽管两种运动都试图除去法律中的神秘因素，并把法律的运作揭示为“运行中的”法律，但批判法学派并不热衷于现实主义者所关注的实用主义或者经验主义问题。相反，批判法学派的拥护者把法律看成是“成问题的”，因为法律复制了社会的压迫性。而且，不像美国现实主义者承认法律论证和政见之间的区分，批判法学派认为法律实际上**就是**政治，这是不言自明的；法律论证与其他形式的论证并没有任何不同。此外，尽管现实主义者试图在法律规则与其在社会中的实际运作之间作出区分，他们通常还是信奉法律的中立以及自由主义的意识形态。批判法学派对这两点则都予以否认。

事实上，批判法学派应用马克思主义和弗洛伊德的思想，发现了法律的一种“霸权意识”——这个词是从意大利马克思主义者安东尼奥·葛兰西的著作中借用过来的。葛兰西认为社会秩序是由一种信仰体系所维系的，这种信仰体系被公认为是一种“共同理性”，并且是自然秩序的一部分——即使那些实际上被迫服从这种信仰体系的人也都承认这一点。换句话说，这些思想被认为是不朽且必要的，即使它们只反映了统治集团短暂而专断的利益。

而且，这些思想还被“物化”了；“物化”这个词先由马克思使用，然后又由匈牙利马克思主义者捷尔吉·卢卡奇加以提炼，指思想转变成实物的方式；这些思想还被描述成是基本、必要和客观的，虽然实际上它们是偶然、专断和主观的。并且，按照弗洛伊德的说法，法律思考是一种“否定”：法律思考提供了一种应付矛盾的途径，这些矛盾对我们而言太令人痛苦了，以致我们无法用感知意识来进行控制。因此，法律思考否认(比如说)平等、自由的允诺与压迫、等级制度的现实之间的矛盾。

巴西社会理论家罗伯托·温格(1947—)是批判法学思想的重要贡献者之一。他认为，社会的代表被灌输了如下四个信仰。第一，法律是一个“体系”，并且作为一组“原理”，法律在被适当地解释后就能为所有与社会行为相关的问题提供答案。其次，存在着一种特殊形式的法律论证，通过这种论证我们就能从原理中找到答案。再次，原理反映了一种内在连贯一致的关于人和社会本质之关系的观点。第四，社会行为之所以反映法律体系所产生的规范，要么是因为人们内化了这些规范，要么是实在的强制力迫使他们这么做。

批判法学派对这些假定都提出了质疑。首先，它否认法律是一种体系，也否认法律可以解决每一个可以想见的问题。这被论述为**不确定性**原则。其次，它否认存在着一种自主和中立的法律论证模式。这被称为**反形式主义**原则。再次，它对认为原理表现了一种单一、连贯一致的人类关系视角的看法提出了质疑；相反，批判法学派主张原理体现了若干不同的，甚至经常是相互对立的观点，其中没有任何一种在逻辑上充分连贯协调或者具有普遍性，从而可被称为占统治地位的观点。这被论述为**矛盾**原则。最后，它质疑即使存在着一种共识，是否就有理由把法律看成是社会行为的一种决定性因素。这被称为**边际**原则。

如果法律是不确定的，那么法学对法律下定义就不过是一种鼓吹的形式罢了。缺少一番独特的法律论证，法学就会变成一种政治辩论。如果法律原理本质上是一种对立物，法律论证就无法依靠它来进行，如果法律原理不能达成一种平衡的话。而如果法律是一种边际物，那么社会生活就必须由法律以外的规范来加以控制。

一些更加激进的批判法学思想很难让人对其进行严肃地考虑。比如有人反对法学院中常见的等级制度，认为所有雇员——从教授到门房都应当得到相同的薪水，这种观点就没有获得多少支持，至少在教授群体中没有获得支持。但是，毋庸置疑，批判法学派在阐明理论探讨与现实之间的分歧方面发挥了重要作用。不过，变革法律的可能性似乎常常被批判法学派中一些更加教条化的信徒所具有的破坏性甚至是虚无主义的倾向所冲淡。许多批判法学思想仍然在法律界颇具影响，尽管这些思想已被其他学说所吸收、调整和提炼。这些学说将在本章剩余部分进行探讨。

后现代法律理论

“我把**后现代**阐释为对元叙事的不轻信。”让-弗朗索瓦·利奥塔（1924—1998）在他那本颇具影响的《后现代状况：关于知识的报告》一书中如是说。康德、黑格尔、马克思以及其他学者所作的伟大“元叙述”中坚持的真理或正义的允诺在我们这个时代已经被背叛。普世价值、“主叙事”被利奥塔等后现代主义者视为即使不是无意义，也是多余的。伟大的历史新纪元、社会发展以及思想，尤其是与启蒙运动有关的思想——甚至启蒙运动本身——都一概受到深深地怀疑。按照传统的设想，人类的“发展”是朝着“文明”或者其他一些目标“进化”的，但这个设想遭到后现代主义者的否定，他们在个体的亲身体验中寻求解释和理解。

对启蒙运动的这一批判包括拒绝接受对现代主义特征——个人权利、平等和正义——的康德式关注。但其批判的目标更大，因为拥护这些价值的不限于支持天赋权利思想（见第一章）的人。许多启蒙运动以后的法律理论，包括实证主义法学（见第二章），都接受了这些价值。吸收了“文化理论”以及米歇尔·福柯（见第五章）、雅克·德里达、雅克·拉康（见下文）和其他——主要来自法国和德国——理论家著作中的元素，后现代主义也可被理解为试图对英美分析哲学传统的方法、假定以及思想提出挑战，甚至加以全盘否定。

后现代主义者对社会以及法律在社会中的作用的论述，揭示了形式主义、本质主义、集权制、乌托邦思想甚至民主的幻灭。怀疑主义在此也并未终止。批判理论，无论是美学的还是伦理的，都试图摧毁真理的“基本”观念。批判理论表达了其无法忍受现代国家扼制个人的官僚政治制度、国家的高高在上、日益全球化的市场以及价值观的普遍化。

批判理论还（也许是不可避免地）证明了一种新的实用主义。一个更包容的社群强调妇女、少数群体、生活无着者以及穷人的特殊困境，其主张伴随着一组实际的——经济的、生态的、政治的——目标。一种通俗的表达方式是“赋权”，这种表达也可在批判法学派和女性主义理论家那里找到。但是，激进的后现代政治议程是非常复杂的，它可能导致混乱，或者被称为“意识形态的倍增”。

无论是“主体”还是“客体”都被认为是幻象。对“主体”的后现代关注引发了——尤其在法律的背景下——一些对个人作为道德主体、权利主体或者仅仅是作为法律体系参与者的精彩论述。某些论述很明显属于心理学或语言学的范畴，其中拉康的结构心理分析理论和德里达的后结构主义思想都产生了相当大的影响，尽管下文将会表明，这些理论对我们理解法律的本质几乎没有什么用处。

雅克·拉康

法国心理分析学者雅克·拉康(1901—1981)经常被说成是后现代心理分析符号学的缔造者。拉康吸收了弗洛伊德、索绪尔以及列维-斯特劳斯的思想,主张潜意识的结构和语言一样;因此确定潜意识中发生的对话的内部运作情况非常紧要,潜意识是知识、权力、力量和欲望的储存地。我们对我们所说的东西不加控制,语言的结构则由思想和欲望所预先决定。拉康使用了一种弗洛伊德式的心理分析概念,即分裂的人格主体——自我、超我以及潜意识——来论证由语言(他称之为"陈述的主体")来表达的"我"永远不能表现个体的"真正"身份(他称之为"阐明的主体")。

在我们生命的头十八个月里,我们经历了这种身份与其表现的分离,之后这种体验便永远消失了。我们构建了一种个人和社会稳定性的伪装,这种伪装只有通过幻想才能建立起来,而且无法持续下去。主体因而被分割或者去中心化。潜意识的语言是所有体验、认识和生活方式的主宰。用拉康的话来说,正义这一观念于是变成一种空想,掩盖了一个和谐社群难以实现的欲望。

雅克·德里达

备受争议的法国哲学家雅克·德里达(1930—2004)与"解构"这一概念紧密联系在一起。他使用这个从德国哲学家马丁·海德格尔那里借用的词来说明**延异**(différance)的概念。这个新词形容了等级制的对立各方之间一种相互依赖又存在区别的状态。Difference 这个词来自于法文单词 différer，而 différer既有“差异”（differ）的意思，也有“延迟”（defer）的意思。德里达用字母 a 取代e，从而造出了 différance。这两个词在法语口语中是无法分辨的。

基于瑞士语言学家费迪南·德·索绪尔的符号学理论，德里达对“能指”和 “所指”加以区别。索绪尔区分了**语言**和**言语**，前者是语言规则的深层结构，后者则是一个语言社群的成员所完成的一套表达行为。前者在理解语言时更为重要，因为它是构成一种语言的各种符号相互间关系的体系。例如，dog（狗）这个单词并不对应于我们所知道和喜欢的动物。但由于它和诸如 bog、cog 或者 fog 等类似发音的词不同， 我们就理解了它的意思。德里达假定，既然 dog 的意思出自这些能指之间差异性的对比，其意思——和所有能指的意思一样——就被无限地延迟了。德里达总结道，只有通过“解构”语言以表明一个能指的意思如何包含另一个能指（“他者”），稳定性才能实现。

德里达野心勃勃：他要揭示西方哲学中“在场的形而上学”。他这么做是指在每一组对立面中，一种“在场”要优于对应的“缺席”。德里达认为，西方哲学建立在一个隐含的假定之上，该假定认为对于我们的意识来说最显然的——显而易见或直接的——就是最真实、最基本或者最重要的。

德里达令人不安的推论是，既然语言形成于这种不稳定的差异结构，它就将永远是不确定的。建立一种身份的学科——既而建立一种个体权利所有者的学科——的前景因而就很渺茫。

虽然后现代法学理论有很多追随者，人们一定会问的是这种理论是否对我们理解法律大有裨益。比如，解构概念如何能针对法律的概念提供一种建设性的洞察力？我们已经看到，由于法律的合法性存在于某种正义观念，法律语言又不可避免地是规范性的，因而很难看出拉康的心理分析学说或者德里达的解构理论如何促进了我们对法律的理解。

女性主义法学理论

传统法学明显忽视了女性的立场。女性主义法学理论在弥补这个疏漏上做得非常成功。该理论不仅对大学法律课程，而且对法律本身都产生了相当大的影响，因为女性主义法理学的研究范围不仅仅是纯粹的学术研究，而且还全面分析刑法所存在的大量不平等现象，尤其是强奸与家庭暴力、亲属法、合同、侵权、财产以及实体法的其他分支，包括公法的有关方面。

例如，近年来英美法院都不再接受普通法的一个原则：丈夫不能因为强奸妻子而被起诉，即使妻子不同意和丈夫性交；妻子因为结婚的事实而被认为已经同意和丈夫发生性行为。虽然法官在拒绝上述原则时并没有直接诉诸女性主义法理学，但在这类裁决中还是能发现女性主义法学理论所产生的影响。

由于对女性所经历的不正义感到不安，女性主义者的著作经常公然挑起争论，这并不令人惊讶。“个人的即政治的”是早期女性主义者所采用的一条引人注目的口号。这个口号部分体现了对社会运动中公然声称的激进主义的谴责，这种激进主义并不能改变家庭生活和工作中女性由来已久的从属地位。

当然，女性主义者也不是用同一种声音说话。至少有五种主要的女性主义法学流派。以下内容概述了它们不同的视角，并对女性主义运动在理论和实践中所取得的成就进行了总结。

自由女性主义

自由主义珍视个人权利，无论是公民权利还是政治权利。自由主义者主张有必要保障很大领域的个人自由，包括言论自由、良心自由、结社自由、性自由以及非因保护他人不受伤害、免受国家规制的自由。自由女性主义把个人看成是独立自主的、享有权利的主体，强调平等、理性和自治的价值。它主张，既然男人和女人都是同等理性的，双方就应当有进行理性抉择的同等机会。（我们将会看到，这种对平等的强调被激进女性主义者斥为错误，因为声称女性类似于男性就把女性溶入到男性的领域，因而就把女人转换成了男人。）

多数自由女性主义者虽然承认法律政治制度是父权制的，但却不愿接受对法律政治制度的所有批判，这种批判即使不是普遍内容，也是激进女性主义的一个重要内容。自由女性主义批判的主要对象是现存制度结构中的性别歧视，尤其是在就业领域。

自由女性主义强调平等，激进女性主义则关注差异。自由女性主义者最为忧虑的问题是公私领域的界限。这很大程度上是因为女性往往被排除于公共领域之外，而政治平等正是在公共领域中实现的。与此相应，家庭和办公场所的私人空间则是压制剥削妇女的场所。家庭暴力犯罪通常发生在家庭内部，而法律往往不愿意介入。因此，在激进女性主义者看来，自由女性主义本身就暗含了对女性的征服。

激进女性主义

激进女性主义者的代表凯瑟林·麦金农（1946— ）质疑女

性有实现平等的可能，因为男性把女性解释成与其相异的另一性。鉴于男性支配着女性，麦金农认为问题最终可归结到一种权力。法律实际上是一种男性的建筑物，不能仅仅通过允许女性进入其大门，或者把女性的价值纳入到其规则或程序中来加以改变。激进女性主义还主张，变革法律也不大可能有所裨益，因为由于法律的男性属性，这种变革只会产生男性导向的结果并复制男性控制的关系。用麦金农的话来说，“抽象权利……认可了从男性的角度去体验世界的合理性”。

激进女性主义拒不承认法律的中立性，并视其为自由主义者的幻想。激进女性主义试图揭示伪装背后的现实，这样女性就会意识到需要改变压制她们的父权制体系。

根据弗兰西斯·奥尔森的说法，两性之间的差异性，或者说二元性，已经“性别化”了。男性特征被认为处于优势地位。

男性	女性
理性	非理性
主动	被动
思考	感觉
理智	情绪
教养	本性
力量	敏感
客观	主观
抽象	具体

[参见弗兰西斯·奥尔森:《女性主义和批判法学理论:美国人的观点》(1990)18,《国际法律社会学杂志》199]

卡罗尔·斯马特否认法律可产生真正的平等。安·斯凯尔斯雄辩地论述了她为何拒绝接受法律形式上的改变:

> 当我们听到热衷于认知性客观现实的法律学者声称,在现存体系中妇女的声音也有一席之地时,我们应当特别警惕……男性至上主义之所以不公正并非因为其无理性,而是因为它占据着主宰地位。法律必须集中关注后者,这种关注不可能通过聚焦形式来实现。

克里斯汀·李特尔顿主张"平等即认同",强调差异性的结果而非来源,这种观点在平等薪资和工作环境方面有着明显的法律上的重大意义。

激进女性主义试图通过"向妇女提问"揭示妇女所受到的支配,从而使规则和实践的性别意味得到显现,否则这些规则和实践将显得公正或中立。

后现代女性主义

我们已经看到,后现代主义者通常拒绝接受"主体"的概念。他们还对诸如"平等""性别""法律""父权制"甚至"女性"等客观事实表现出一种不耐烦。确实,认为事物如果要成为某种特定物就必须拥有某种它们必须有的属性(即它们有某种"本质"),这种思想遭到许多后现代主义者的批判。后现代女性主义者在激进女性主义者的观点中察觉到了这种"本质主义",如激进女性主义者凯瑟林·麦金农就认为女性的表象下是“前文化女性”。

杜希拉·康奈尔和弗兰西斯·奥尔森利用雅克·德里达和朱莉娅·克里斯蒂瓦的成果来构建康奈尔所说的“想象的一般性”,它超越真实体验的本质主义而进入到神学领域。法律的男性特征——社会的“男性中心主义”——是后现代女性主义者著作的中心主题。凯瑟琳·巴特利特确认了至少三种可用来审查法律程序的女性主义法律方法:“向妇女提问”、“女性主义实践理性”以及“意识提升”。

第一种方法试图揭示表面看起来似乎中立的规则和实践的性别意味。女性主义实践理性质疑某些规范的合法性,这些规范通过规则声称代表了社群,尤其是在强奸和家庭暴力案件方面。第三,意识提升试图理解和揭示妇女被压迫的状态。

差异女性主义

差异(或文化)女性主义对自由女性主义者依附于形式平等和性别感到不安,认为这种立场削弱了男女之间的差异。相反,差异女性主义通过揭露暗含在刑法、证据法、侵权法以及法律推理过程本身中的各种歧视,竭力去揭示法律实质、法律实践以及法律程序未阐明的前提。这就包括对诸如“理性人”的概念、用男性的视角去看待强奸案件中所应用的女性性特征以及法律本身的语言风格等方面进行的批判。

差异女性主义认为,与自由女性主义者所考虑的情况相比,平等是一个更难以捉摸、更复杂的目标。心理学家卡罗·吉利根由此表明了为何女性的道德价值往往倾向于强调责任,而男性则强调权利。女性注意背景情况,而男性则诉诸中立、抽象的正义概念。她认为，女性尤其支持一种“关怀伦理”，这种伦理声称不应当伤害任何人。这种关怀和培养的道德确定并解释了性别之间的基本差异。

差异女性主义集中关注女性与他人的“特殊纽带”的积极特点，激进女性主义则关注消极的一面：如通过色情资料形成的女性性别的客体化，麦金农称之为“一种非自愿的性形式”。

批判种族理论

批判种族理论于 1989 年由威斯康星州的麦迪逊最先提出，它是对批判法学派的解构性超越所作的回应。尽管批判种族理论对诸如“正义”“事实”“理性”等启蒙思想同样持怀疑态度，但是，其主要动因是认为需要揭示法律中普遍存在的种族主义；在该理论看来，拥有特权的白种人、中产阶级的理论并不能完全揭示法律的本质和界限。那些亲身遭受过歧视所带来的侮辱和不公的人是处于社会边缘的少数种族，他们的意见才是可信的。批判种族理论认为，法律的形式建构反映的是拥有特权的白人男性精英占大多数的现实。正是这种文化、生活方式、态度以及规范性行为结合起来，形成了法律中居于主导地位的“中立性”。处于少数地位的种族则处于法律的边缘地带。

批判种族理论和完全的后现代主义者的论述（见上文）有着很大的不同，至少前者的部分成员承认在追求平等和自由时传统的“权利话语”的重要性。因此，在一些情况下，批判种族理论对社会和法律的分析看起来似乎只是局部的。摒弃后现代主义对权利的对抗性思维，这种做法意味着批判种族理论乐于接受自由、平等和正义的观念。但是，批判种族理论的部分拥护者对自由主义及其力图保障的形式平等表示了深刻的担忧，并厌恶个人权利以及自由主义的其他内容。

批判种族理论经常采取“自传/传记”的方式来评价社会和法律关系。比如帕特里夏·威廉斯就把法律分析和个人叙述混合在一起来批判法律的主观性。批判种族理论认为传统的法学研究所采取的反对自传/传记的研究方法使法律远离了社会关系,尤其是远离了它所引发的种族和性别歧视。

批判种族理论的一个分支理论持一种后殖民时代的观点,认为殖民政府的瓦解未能结束这些社会的种族分化与偏见。

图15 美国1960年代的民权运动最终实现了法律保证下的种族平等的主要目标。

索引

（条目后的数字为原文页码）

A

B

C

D

E

F

G

H

I

L

M

N

O

P

R

S

T

U

V

W

Raymond Wacks

PHILOSOPHY OF LAW

A Very Short Introduction

Contents

Preface

Brevity is a virtue not normally associated with the law, let alone its practitioners. Nor does its literature avoid the hefty and the long. Law books are weighty; and tomes on legal philosophy also incline to the stout and substantial. Perhaps this is an inescapable vice. Indeed, my own recent student text, *Understanding Jurisprudence: An Introduction to Legal Theory* (Oxford University Press, 2005) tips the scales at almost a pound-and-a-half, or 600 grams, and runs to nearly 400 pages.

This series, however, obliges its authors to slim down, to compress, to abridge – without oversimplifying the subject of the book. Distilling the essentials of the philosophy of law is, needless to say, an ambitious, though I hope not an entirely quixotic, task. The purpose of this slender volume is to provide the general reader with a lively and accessible guide to the central questions of legal philosophy in its quest to illuminate the frequently elusive concept of law, and its relation to the universal questions of justice, rights, and morality.

I am deeply indebted to Stephen Guest, Professor of Legal Philosophy at University College, London, who read the complete manuscript and made several helpful comments and suggestions. He must not, of course, be indicted as co-defendant for any misdemeanours I may have committed in these pages.

The staff of Oxford University Press have, as always, been a pleasure to work with. I am particularly grateful to Marsha Filion, James Thompson, Deborah Protheroe, and Jane Robson.

For her love, encouragement, and support, I owe a heavy debt of gratitude to my wife, Penelope, whose word is law.

List of illustrations

The publisher and the author apologize for any errors or omissions in the above list. If contacted they will be pleased to rectify these at the earliest opportunity.

Introduction

The law is rarely out of the news. It frequently stimulates controversy. While lawyers and politicians celebrate the virtues of the rule of law, reformers lament its shortcomings, and cynics question its professed equivalence with justice. Yet all recognize the law as a vehicle for social change. And few doubt the central role of law in our social, political, moral, and economic life.

But what is this thing called law? Does it consist of a set of universal moral principles in accordance with nature (see Chapter 1)? Or is it simply a collection of largely man-made, valid rules, commands, or norms (Chapter 2)? Does the law have a specific purpose, such as the protection of individual rights (Chapter 3), the attainment of justice (Chapter 4), or economic, political, and sexual equality (Chapter 6)? Can the law be divorced from its social context (Chapter 5)?

These are merely some of the questions that lie in wait for anyone attempting to uncover the meaning of the concept and the function of law. And they permeate the landscape of the philosophy of law with its generous frontiers. Charting this vast territory is a daunting assignment. I can hope, in these pages, to identify only the most prominent features of its topography. To this end, I have placed the emphasis upon the leading legal theories, for they provide the optimum introduction to both classical and contemporary jurisprudential thought.

This approach is in no way intended to devalue the strategy that seeks to elucidate the abundant conceptual and definitional problems that beset much of legal philosophy. Indeed, Chapter 4 is devoted to two of the most significant and difficult of them: rights and justice. Other taxing matters confronted by jurists include the doctrine of precedent (under which courts are themselves bound to follow decisions of higher tribunals), the question of whether there is a moral duty to obey the law, the concept of legal personality, the complexities of causation and liability, and various theories of punishment. All have a place within legal theory's large territory, but, though some are considered indirectly in the following chapters, they lie beyond the modest objectives of these pages.

Though this book promises a very short introduction to the philosophy of law, I use this phrase interchangeably with 'legal theory', 'legal philosophy', and 'jurisprudence'. Strictly speaking, however, 'jurisprudence' concerns the theoretical analysis of law at the highest level of abstraction (e.g. questions about the nature of a right or a duty, judicial reasoning, etc, and are frequently implied within substantive legal disciplines). 'Legal theory' is often used to denote theoretical enquiries about law 'as such' that extend beyond the boundaries of law as understood by professional lawyers (e.g. Marxist approaches to legal domination). The 'philosophy of law', as its name implies, normally proceeds from the standpoint of the discipline of philosophy (e.g. it attempts to unravel the sort of problems that might vex moral or political philosophers, such as the concepts of freedom or authority). But contemporary writers tend to pay little attention to these nice distinctions; the terrain of modern legal philosophy contains few fences.

Legal theory is a far cry from legal theatre. Yet even the sensationalist criminal trials – real or manufactured – that have become regular television fare, encapsulate features of the law that characteristically agitate legal philosophers. They spawn awkward questions about moral and legal responsibility, the justifications of punishment, the concept of harm, the judicial function, due process, and many more. The philosophy of law, it is easy to demonstrate, is rarely an abstract, impractical pursuit.

No society can properly be understood or explained without a coherent conception of its law and legal doctrine. The social, moral, and cultural foundations of the law, and the theories which both inform and account for them, are no less important than the law's 'black letter'. Among the many topics within legal theory's capacious confines is that of the definition of law itself. It stands to reason that, before we can begin to explore the nature of law, we need to clarify what we mean by this often elusive concept. We can barely begin our analysis of the law and legal system without some shared understanding of what it is we are talking about. A constructive first step is to distinguish between descriptive and normative legal theory.

Descriptive legal theory seeks to explain what the law is, and why, and its consequences. Normative legal theories, on the other hand, are concerned with what the law ought to be. Put differently, descriptive legal theories are about facts, normative legal theories are about values. There are three principal types of descriptive legal theory. First, there is the 'doctrinal' approach which propounds a theory to elucidate a particular legal doctrine. For example, freedom of expression might be justified by decisions of the courts on the limits of free speech. Doctrinal legal theory seeks to answer questions such as 'can these cases be elucidated by some underlying theory?' Secondly, descriptive legal theory may be 'explanatory'; it attempts to explain why the law is as it is. Marxist legal theory, for example, is 'explanatory' in this sense, for it offers an account of law as expressing the interests of the ruling class (see Chapter 5). A third form of descriptive legal theory concerns the consequences that are likely to follow from a certain set of legal rules. For example, the economic analysis of law (see Chapter 4) might gauge the likely costs of imposing a regime of strict liability on the manufacturers of motor vehicles.

Normative legal theory, on the other hand, is concerned with values. A normative theory may, for instance, seek to establish whether strict liability of manufacturers of motor vehicles ought to be adopted in order to protect consumers. Would it be fair or just to do so? Normative legal theories thus tend inevitably to be associated with moral or political theories. In pursuing an evaluation of the law, normative legal theories might be either 'ideal' or 'non-ideal'. The former relate to what legal rules would create the best legal system if it were politically achievable. The latter presuppose an assortment of constraints on the choice of legal rules, such as the difficulty of enforcing such rules.

But there is no clear-cut distinction between these two categories of legal philosophy. A normative theory may rely on a descriptive theory to obtain its purchase. Thus it is hard to sustain the normative theory of utilitarianism (see Chapter 4) without a descriptive account of the consequences of the application of a specific rule. How would a utilitarian know whether rule X causes the greatest happiness (result Y) without a description of these consequences? Similarly, a descriptive legal theory may, on the basis of predictions about the likelihood of success of, say, law reform, put a brake on the normative legal theory that gave birth to the improvement.

It will also be seen (in Chapter 3) how normative and descriptive theory may be grafted together to yield a hybrid species of legal philosophy. In Ronald Dworkin's theory of 'law as integrity', for example, there is an amalgamation of the goals of descriptive doctrinal theory and normative theory. By claiming that a theory of law should both 'fit' and 'justify' the legal materials, his theory of law as an interpretative concept appears to allow descriptive doctrinal theory to coalesce with normative theory.

We live in a troubled, inequitable world. Perhaps it has always been so. In the face of wickedness and injustice, it is not difficult to descend into vague oversimplification and rhetoric when reflecting upon the proper nature and function of the law. Analytical clarity and scrupulous jurisprudential deliberation on the fundamental nature of law, justice, and the meaning of legal concepts are indispensable. Legal theory has a decisive role to play in defining and defending the values and ideals that sustain our way of life.

Chapter 1
Natural law

'It's just not right.' 'It's not natural.' How many times have you heard these sorts of judgements invoked against a particular practice or act? What do they mean? When abortion is pronounced immoral, or same-sex marriages unacceptable, what is the basis of this censure? Is there an objectively ascertainable measure of right and wrong, good and bad? If so, by what means can we retrieve it?

Moral questions pervade our lives; they are the stuff of political, and hence legal, debate. Moreover, since the establishment of the United Nations, the ethical tenor of international relations, especially in the field of human rights, is embodied in an increasing variety of international declarations and conventions, many of which draw on the unspoken assumption of natural law that there is indeed a corpus of moral truths that, if we apply our reasoning minds, we can all discover.

Ethical problems have, of course, preoccupied moral philosophers since Aristotle. The revival of natural law theory may suggest that we have, over the centuries, come no closer to resolving them.

'The best description of natural law', according to one leading natural lawyer, 'is that it provides a name for the point of intersection between law and morals.' Its main claim, put simply, is that what naturally is, ought to be. In his widely acclaimed book,

1. Homosexuality, same-sex 'marriages', and marital infidelity offend the principles of natural law.

Natural Law and Natural Rights, John Finnis asserts that when we attempt to explain what law is, we make assumptions, willy-nilly, about what is 'good':

> It is often supposed that an evaluation of law as a type of social institution, if it is to be undertaken at all, must be preceded by a value-free description and analysis of that institution as it exists in fact. But the development of modern jurisprudence suggests, and reflection on the methodology of any social science confirms, that a theorist cannot give a theoretical description and analysis of social facts, unless he also participates in the work of evaluation, of understanding what is really good for human persons, and what is really required by practical reasonableness.

This is a trenchant foundation for an analysis of natural law. It proposes that when we are discerning what is *good*, we are using our intelligence differently from when we are determining what *exists*. In other words, if we are to understand the nature and impact of the natural law project, we must recognize that it yields a different logic.

The Roman lawyer, Cicero, drawing on Stoic philosophy, usefully identified the three main components of any natural law philosophy:

> True law is right reason in agreement with Nature; it is of universal application, unchanging and everlasting. . . . It is a sin to try to alter this law, nor is it allowable to attempt to repeal any part of it, and it is impossible to abolish it entirely. . . . [God] is the author of this law, its promulgator, and its enforcing judge.

This underlines natural law's universality and immutability, its standing as a 'higher' law, and its discoverability by reason (it is in this sense 'natural'). Classical natural law doctrine has been employed to justify both revolution and reaction. During the 6th century BC, the Greeks described human laws as owing their importance to the power of fate that controlled everything. This conservative view is easily deployed to justify even iniquitous aspects of the status quo. By the 5th century BC, however, it was acknowledged that there might be a conflict between the law of nature and the law of man.

Aristotle devoted less attention to natural law than to the distinction between natural and conventional justice. But it was the Greek Stoics, as mentioned above, who were particularly attracted to the notion of natural law, where 'natural' meant in accordance with reason. The Stoic view informed the approach adopted by the Romans (as expressed by Cicero) who recognized, at least in theory, that laws which did not conform to 'reason' might be regarded as invalid.

The Catholic Church gave expression to the full-blown philosophy of natural law, as we understand it today. As early as the 5th century, St Augustine asked, 'What are States without justice, but robber bands enlarged?' But the leading exposition of natural law is to be found in the writings of the Dominican, St Thomas Aquinas (1225–74), whose principal work *Summa Theologiae* contains the most comprehensive statement of Christian doctrine on the subject. He distinguishes between four categories of law: the eternal law (divine reason known only to God), natural law (the participation of the eternal law in rational creatures, discoverable by reason), divine law (revealed in the scriptures), and human law (supported by reason, and enacted for the common good).

One aspect of Aquinas's theory has attracted particular attention and controversy. He states that a 'law' that fails to conform to natural or divine law is not a law at all. This is usually expressed as *lex iniusta non est lex* (an unjust law is not law). But modern scholars maintain that Aquinas himself never made this assertion, but merely quoted St Augustine. Plato, Aristotle, and Cicero also uttered comparable sentiments, yet it is a proposition that is most closely associated with Aquinas who seems to have meant that laws which conflict with the requirements of natural law lose their power to bind morally. A government, in other words, that abuses its authority by enacting laws which are unjust (unreasonable or against the common good) forfeits its right to be obeyed because it lacks moral authority. Such a law Aquinas calls a 'corruption of law'. But he does not appear to support the view that one is always justified in disobeying an unjust law, for though he does declare that if a ruler enacts unjust laws 'their subjects are not obliged to obey them', he adds guardedly, 'except, perhaps, in certain special cases when it is a matter of avoiding scandal' (i.e. a corrupting example to others) or civil disorder. This is a far cry from the radical claims sometimes made in the name of Aquinas, which seek to justify disobedience to law.

By the 17th century in Europe, the exposition of entire branches of the law, notably public international law, purported to be founded on natural law. Hugo de Groot (1583–1645), or Grotius as he is generally called, is normally associated with the secularization of natural law. In his influential work, *De Jure Belli ac Pacis*, he asserts that, even if God did not exist, natural law would have the same content. This proved to be an important basis for the developing discipline of public international law. Presumably Grotius meant that certain things were 'intrinsically' wrong – whether or not God decrees them; for, to use Grotius's own analogy, even God cannot cause two times two not to equal four!

Natural law received a stamp of approval in England in the 18th century in Sir William Blackstone's *Commentaries on the Laws of England*. Blackstone (1723–80) begins his great work by declaring that English law derives its authority from natural law. But, although he invokes this divine source of positive law, and even regards it as capable of nullifying enacted laws in conflict with natural law, his account of the law is not actually informed by natural law theory. Nevertheless, Blackstone's attempt to clothe the positive law with a legitimacy derived from natural law drew the fire of Jeremy Bentham who described natural law as, amongst other things, 'a mere work of the fancy' (see Chapter 2).

Aquinas is associated with a fairly conservative view of natural law. But the principles of natural law have been used to justify revolutions – especially the American and the French – on the ground that the law infringed individuals' natural rights. Thus in America the revolution against British colonial rule was based on an appeal to the natural rights of all Americans, in the lofty words of the Declaration of Independence of 1776, to 'life, liberty and the pursuit of happiness'. As the Declaration puts it, 'We hold these truths to be self-evident, that all men are created equal, that they are endowed by their Creator with certain unalienable rights.' Similarly inspiring sentiments were included in the French *Déclaration des droits de l'homme et du citoyen* of 26 August 1789 which refers to certain 'natural rights' of mankind.

Natural law was applied in the form of a number of contractarian theories that conceive of political rights and obligations in terms of a social contract. It is not a contract in a strict legal sense, but expresses the idea that only with his consent can a person be subjected to the political power of another. This approach remains influential in liberal thought, notably John Rawls's theory of justice (see Chapter 4).

Natural rights: Hobbes, Locke, and Rousseau

Although Thomas Hobbes (1588–1679) is usually remembered for his dictum that life is 'solitary, poor, nasty, brutish and short', he actually said, in his famous work, *Leviathan*, that this was the condition of man before the social contract, i.e. in his natural state. Natural law, he contends, teaches us the necessity of self-preservation: law and government are required if we are to protect order and security. Under the social contract, we must therefore surrender our natural freedom in order to create an orderly society. Hobbes's philosophy is thus somewhat authoritarian, placing order above justice. In particular, his theory (indeed, his self-confessed objective) is to undermine the legitimacy of revolutions against (even malevolent) government.

For Hobbes every act we perform, though ostensibly kind or altruistic, is actually self-serving. Thus my donation to charity is actually a means of enjoying my power. An accurate account of human action, including morality, must, he argues, acknowledge our essential selfishness. In *Leviathan* he wonders how we might behave in a state of nature, before the formation of any government. He recognizes that we are essentially equal, mentally and physically: even the weakest – suitably armed – has the strength to kill the strongest. This equality, he suggests, generates discord. We tend to wrangle, he argues, for three main reasons: competition (for limited supplies of material possessions), distrust, and glory (we remain hostile in order to preserve our powerful reputations). As a consequence of our propensity toward disagreement, Hobbes concludes that we are in a natural state of perpetual war of all against all, where no morality exists, and all live in constant fear.

Until this state of war comes to an end, all have a right to everything, including another person's life. Hobbes argues that, from human self-interest and social agreement alone, one can derive the same kinds of laws that natural lawyers regard as immutably fixed in nature. In order to escape the horror of the state of nature, Hobbes concludes, peace is the first law of nature.

The second law of nature is that we mutually divest ourselves of certain rights (such as the right to take another person's life) so as to achieve peace. This mutual transferring of rights is a contract and is the basis of moral duty. He is under no illusion that merely concluding this contract can secure peace. Such agreements need to be honoured. This is Hobbes's third law of nature.

He acknowledges that since we are selfish we are likely, out of self-interest, to breach contracts. I may break my agreement not to steal from you when I think I can evade detection. And you are aware of this. The only certain means of avoiding this breakdown in our mutual obligations, he argues, is to grant unlimited power to a political sovereign to punish us if we violate our contracts. And again it is a purely selfish reason (ending the state of nature) that motivates us to agree to the establishment of an authority with the power of sanction. But he insists that only when such a sovereign exists can we arrive at any objective determination of right and wrong.

Hobbes supplements his first three laws of nature with several other substantive ones such as the fourth law (to show gratitude toward those who comply with contracts). He concludes that morality consists entirely of these laws of nature, which are arrived at through the social contract. This is a rather different interpretation of natural rights from that championed by classical natural law. But his account might be styled a modern view of natural rights, one that is premised on the basic right of every person to preserve his own life.

John Locke (1632–1704) portrays life before the social contract as anything but the nightmare described by Hobbes. Locke claims that, before the social contract, life was paradise – save for one important shortcoming: in this state of nature, property was inadequately protected. For Locke, therefore (especially in *Two Treatises of Civil Government*), it was in order to rectify this flaw in an otherwise idyllic natural state that man forfeited, under a social contract, some of his freedom. Suggestive of Aquinas's fundamental postulates, Locke's theory rests on an account of man's rights and obligations under God. It is an intricate attempt to explain the operation of the social contract and its terms. It is revolutionary (Locke accepts the right of the people to overthrow tyranny), and it famously emphasizes the right to own property: God owns the earth and has given it to us to enjoy; there can therefore be no right of property, but by 'mixing' his labour with material objects, the labourer acquires the right to the thing he has created.

Locke's perception of private property strongly influenced the framers of the American constitution. He has therefore been both celebrated and reviled as the progenitor of modern capitalism.

The social contract, in his view, preserved the natural rights to life, liberty, and property, and the enjoyment of private rights: the pursuit of happiness – engendered, in civil society, the common good. Whereas for Hobbes natural rights come first, and natural law is derived from them, Locke derives natural rights from natural law – i.e. from reason. Hobbes discerns a natural right of every person to every thing, Locke argues that our natural right to freedom is constrained by the law of nature and its directive that we should not harm each other in 'life, health, liberty, or possessions'. Locke advocates a limited form of government: the checks and balances among branches of government and the genuine representation in the legislature would, in his view, minimize government and maximize individual liberty.

Natural law plays a less important role than the social contract in the theory of Jean-Jacques Rousseau (1712–78). More metaphysical than Hobbes and Locke, Rousseau's social contract (in his *Social Contract*) is an agreement between the individual and the community by which he becomes part of what Rousseau calls the 'general will'. There are, in Rousseau's view, certain natural rights that cannot be removed, but, by investing the 'general will' with total legislative authority, the law may legitimately infringe upon these rights. Indeed, if government represents the 'general will', it may do almost anything. Rousseau, while dedicated to participatory democracy, is also willing to invest the legislature with virtually untrammelled power by virtue of its reflecting the 'general will'. He is thus a paradox: a democratic totalitarian.

The fall and rise of natural law

The waning influence of natural law theory, especially in the 19th century, resulted from the emergence of two formidable foes. First, as we shall see in the next chapter, the ideas associated with legal positivism constitute resilient opposition to natural law thinking. Secondly, the idea that in moral reasoning there can be no rational solutions (so-called non-cognitivism in ethics) spawned a profound scepticism about natural law: If we cannot objectively know what is right or wrong, natural law principles are little more than subjective opinion: they could, therefore, be neither right nor wrong.

David Hume (1711–76) in his *Treatise of Human Nature* first observed that moralists seek to derive an 'ought' from an 'is': we cannot conclude that the law should assume a particular form merely because a certain state of affairs exists in nature. Thus the following syllogism, according to this argument, is invalid:

All animals procreate (major premise)
Human beings are animals (minor premise)
Therefore humans *ought* to procreate (conclusion).

Hume sought to show that facts about the world or human nature cannot be used to determine what *ought* to be done or not done. Some contemporary natural lawyers, while admitting that the above syllogism is indeed false, deny that classical natural law attempted to derive an 'ought' from an 'is' in this manner, as we shall see below.

The 20th century witnessed a renaissance in natural law theory. This is evident in the post-war recognition of human rights and their expression in declarations such as the Charter of the United Nations, and the Universal Declaration of Human Rights, the European Convention on Human Rights, and the Declaration of Delhi on the Rule of Law of 1959 (see Chapter 4). Natural law is conceived of not as a 'higher law' in the constitutional sense of invalidating ordinary law but as a benchmark against which to measure positive law.

The Nuremberg war trials of senior Nazi officials regenerated natural law ideals. They applied the principle that certain acts constitute 'crimes against humanity' even if they do not violate provisions of positive law. The judges in these trials did not appeal explicitly to natural law theory, but their judgments represent an important recognition of the principle that the law is not necessarily the sole determinant of what is right.

Another significant development was the enactment of constitutional safeguards for human or civil rights in various jurisdictions (e.g. the American Bill of Rights and its interpretation by the United States Supreme Court).

Legal theory has also advanced the cause of natural law theory. Lon Fuller's 'inner morality of law' (see below), H. L. A. Hart's 'minimum content of natural law' (see Chapter 2), and most importantly, the writings of contemporary natural lawyers such as John Finnis (see below) have played a major role in this revival.

2. The Nuremberg trials of Nazi war criminals applied the principle that certain acts constitute 'crimes against humanity' even though they do not offend against specific provisions of positive law.

Lon Fuller: the 'inner morality of law'

The American jurist, Lon L. Fuller (1902–78) famously developed a secular natural law approach that regards law as having an 'inner morality'. By this he means that a legal system has the specific purpose of 'subjecting human conduct to the governance of rules'. It follows that in this purposive enterprise there is a necessary connection between law and morality.

Fuller recounts the 'moral' tale of a fictional King Rex and the eight ways in which he fails to make law. He goes wrong because (1) he fails to achieve rules at all, so that every issue must be decided on an ad hoc basis; (2) he does not publicize the rules that his subjects are expected to observe; (3) he abuses his legislative powers by enacting retroactive legislation (i.e. on Tuesday making unlawful those acts that were lawful on Monday); (4) his rules are incomprehensible; (5) he enacts contradictory rules or (6) rules that require conduct beyond the powers of the affected party; (7) he introduces such frequent changes in the rules that his subjects cannot adjust their action; and (8) he fails to achieve congruence between the rules as announced and their actual administration.

Ill-fated King Rex bites the dust because he disregards Fuller's eight principles:

1. Generality
2. Promulgation
3. Non-retroactivity
4. Clarity
5. Non-contradiction
6. Possibility of compliance
7. Constancy
8. Congruence between declared rule and official action.

Fuller concludes that where a system does not conform to any one of these principles, or fails substantially in respect of several, it could not be said that 'law' existed in that community. But, though he insists that these eight principles are *moral*, they appear to be essentially procedural guides to effective lawmaking. Some, however, would argue that they implicitly establish fairness between the government and the governed and therefore exclude evil regimes.

The general view, however, is that compliance with Fuller's eight 'desiderata' certifies only that the legal system functions effectively, and hence, since this cannot be a moral criterion, an evil regime might just as easily satisfy the test. Indeed, it is arguable that, in pursuit of efficacy, a wicked legal system might actually *seek* to fulfil Fuller's principles. Certainly, the rulers of apartheid South Africa

3. The legal enforcement of racial segregation and discrimination reached its high-water mark in apartheid South Africa.

sought to comply with procedural niceties when enacting and implementing its obnoxious laws.

Contemporary natural law theory: John Finnis

The Aquinian tenets of natural law have been revived and meticulously explored by the Oxford legal theorist, John Finnis (b. 1940), most accessibly and comprehensively in his book, *Natural Law and Natural Rights*. It represents a significant restatement of classical natural law doctrine, especially its application of analytical jurisprudence to a theory that, as we shall see, is normally regarded as its opposite.

It is important to grasp the purpose of Finnis's enterprise. He rejects David Hume's conception of practical reason, which maintains that my reason for undertaking an action is merely ancillary to my desire to attain a certain objective. Reason informs me only how best to achieve my desires; it cannot tell me what I ought to desire. Finnis prefers an Aristotelian foundation: what constitutes a worthwhile, valuable, desirable life? And his menu contains what he calls the seven 'basic forms of human flourishing':

1. Life
2. Knowledge
3. Play
4. Aesthetic experience
5. Sociability (friendship)
6. Practical reasonableness
7. 'Religion'

These are the essential features that contribute to a fulfilling life. Each is universal in that it governs all human societies at all times, and each has intrinsic value in that it should be valued for its own sake and not merely to achieve some other good. The purpose of moral beliefs is to provide an ethical structure to the pursuit of these basic goods. These principles facilitate our choosing among competing goods and enable us to define what we are permitted to do in pursuing a basic good.

To flourish as human beings, we require these basic goods, though one could easily add to this list. Note that by 'religion', Finnis does not mean organized religion, but the need for spiritual experience. These seven basic goods are combined by Finnis with the following nine 'basic requirements of practical reasonableness':

1. The active pursuit of goods
2. A coherent plan of life
3. No arbitrary preference among values
4. No arbitrary preference among persons
5. Detachment and commitment
6. The (limited) relevance of consequences: efficiency within reason
7. Respect for every basic value in every act
8. The requirements of the common good
9. Following one's conscience.

These two inventories together comprise the universal and immutable 'principles of natural law'. Finnis demonstrates that this position accords with the general conception of natural law espoused by Thomas Aquinas. Nor, he claims, does it fall victim to non-cognitivist attack by Hume (see above) – for these objective goods are *self-evident*; they are not deduced from any account of human nature. So, for example, 'knowledge' is self-evidently preferable to ignorance. And even if I refute this view, and claim that 'ignorance is bliss', I would willy-nilly be acknowledging that my argument is a valuable one, and hence that knowledge is indeed good, thereby slipping into the trap of self-refutation!

The overriding rationale of natural law theory thus seems to be, as Finnis says, to establish 'what is really good for human persons'. We cannot pursue human goods until we have a community. And the authority of a leader derives from his serving the best interests of that community. Hence, should he enact unjust laws, because they militate against the common good, they would lack the direct moral authority to bind.

Appealing to the concept of the common good, Finnis develops also his conception of justice. Principles of justice, he contends, are no more than the implications of the general requirement that one ought to foster the common good in one's community. The basic goods and methodological requirements ought to thwart most forms of injustice; they generate several absolute obligations with correlative absolute natural rights:

> There is, I think, no alternative but to hold in one's mind's eye some pattern, or range of patterns, of human character, conduct, and interaction in community, and then to choose such specification of rights as tends to favour the pattern, or range of patterns. In other words, *one needs some conception of human good, of individual flourishing in a form (or range of forms) of communal life that fosters rather than hinders such flourishing*. One attends not merely to character types desirable in the abstract or in isolation, but also to the quality of interaction among persons; and one should not seek to realize some patterned 'end-state' imagined in abstraction from the processes of individual initiative and interaction, processes which are integral to human good and which make the future, let alone its evaluation, incalculable.

This passage captures the spirit of Finnis's conception of natural rights. It includes the right not to be tortured, not to have one's life taken as a means to any further end, not to be lied to, not to be condemned on knowingly false charges, not to be deprived of one's capacity to procreate, and the right 'to be taken into respectful consideration in any assessment of what the common good requires'. The concept of justice is further examined in Chapter 4.

Finnis insists that the first principles of natural law are *not* deductively inferred from anything at all, including facts, speculative principles, metaphysical propositions about human nature or about the nature of good and evil, or from a teleological conception of nature. Aquinas, according to Finnis, makes it clear that each of us 'by experiencing one's nature, so to speak, from the inside' grasps 'by a simple act of non-inferential understanding' that 'the object of the inclination which one experiences is an instance of a general form of good, for oneself (and others like one)'. For Aquinas, to discover what is morally right is to ask, not what is in accordance with human nature, but what is *reasonable*.

The central claims of natural law are rejected by legal positivists who deny that that the legal validity of a norm *necessarily* depends on its substantive moral qualities. This standpoint is considered in the next chapter.

Chapter 2
Legal positivism

Imagine a powerful sovereign who issues commands to his subjects. They are under a duty to comply with his wishes. The notion of law as a command lies at the heart of classical legal positivism as espoused by its two great protagonists, Jeremy Bentham and John Austin. Modern legal positivists adopt a considerably more sophisticated approach to the concept of law, but, like their distinguished predecessors, they deny the relationship proposed by natural law, outlined in the previous chapter, between law and morals. The claim of natural lawyers that law consists of a series of propositions derived from nature through a process of reasoning is strongly contested by legal positivists. This chapter describes the essential elements of this important legal theory.

The term 'positivism' derives from the Latin *positum*, which refers to the law as it is laid down or posited. Broadly speaking, the core of legal positivism is the view that the validity of any law can be traced to an objectively verifiable source. Put simply, legal positivism, like scientific positivism, rejects the view – held by natural lawyers – that law exists independently from human enactment. As will become clear in this chapter, the early legal positivism of Bentham and Austin found the origin of law in the command of a sovereign. H. L. A. Hart looks to a rule of recognition that distinguishes law from other social rules. Hans Kelsen identifies a basic norm that validates the constitution. Legal positivists also often claim that there is no necessary connection between law and morals, and that the analysis of legal concepts is worth pursuing, and distinct from (though not hostile to) sociological and historical enquiries and critical evaluation.

The highest common factor among legal positivists is that the law as laid down should be kept separate – for the purpose of study and analysis – from the law as it ought morally to be. In other words, that a clear distinction must be drawn between 'ought' (that which is morally desirable) and 'is' (that which actually exists). But it does not follow from this that a legal positivist is indifferent to moral questions. Most legal positivists criticize the law and propose means to reform it. This normally involves moral judgements. But positivists do share the view that the most effective method of analysing and understanding law involves suspending moral judgement until it is established what it is we are seeking to elucidate.

Nor do positivists necessarily subscribe to the proposition, often ascribed to them, that unjust or iniquitous laws must be obeyed – merely because they are law. Indeed, both Austin and Bentham acknowledge that disobedience to evil laws is legitimate if it would promote change for the good. In the words of the foremost modern legal positivist H. L. A. Hart:

> [T]he certification of something as legally valid is not conclusive of the question of obedience, . . . [H]owever great the aura of majesty or authority which the official system may have, its demands must in the end be submitted to a moral scrutiny.

For Hart, as well as Bentham, this is one of the major virtues of legal positivism.

4. Jeremy Bentham: the Luther of legal philosophy?

Law as commands: Bentham and Austin

The prodigious writings of Jeremy Bentham (1748–1832) constitute a major contribution to positivist jurisprudence and the systematic analysis of law and the legal system. Not only did he seek to expose the shibboleths of his age and construct a comprehensive theory of law, logic, politics, and psychology, founded on the principle of utility, but he essayed for reform of the law on almost every subject. His critique of the common law and its theoretical underpinnings are especially ferocious. Moved by the spirit of the Enlightenment, Bentham sought to subject the common law to the cold light of reason. He attempted to demystify the law, to expose, in his characteristically cutting style, what lay behind its mask. Appeals to natural law were nothing more than 'private opinion in disguise' or 'the mere opinion of men self-constituted into legislatures'.

The indeterminacy of the common law, he argued, is endemic. Unwritten law is intrinsically vague and uncertain. It cannot provide a reliable, public standard which can reasonably be

5. Bentham regarded English judges as partial, corrupt, and capricious.

expected to guide behaviour. The chaos of the common law had to be dealt with systematically. For Bentham this lay, quite simply, in codification. Legal codes would significantly diminish the power of judges; their task would consist less of interpreting than administering the law. It would also remove much of the need for lawyers: the code would be readily comprehensible without the help of legal advisers. Unlike the Continental system of law that has long adopted Napoleonic codes based on Roman law, codification in the common law world remains a dream.

John Austin (1790–1859) published his major work, *The Province of Jurisprudence Determined*, in 1832, the year of Bentham's death. As a disciple of Bentham's, Austin's conception of law is based on the idea of commands or imperatives, though he provides a less elaborate account of what they are. Both jurists stress the subjection of persons by the sovereign to his power, but Austin's definition is sometimes thought to extend not very much further than the criminal law, with its emphasis on control over behaviour. His identification of commands as the hallmark of law leads him to a more restrictive definition of law than is adopted by Bentham who seeks to formulate a single, complete law which sufficiently expresses the legislative will.

But both share a concern to confine the scope of jurisprudential enquiry to accounting for and explaining the principal features of the law. In the case of Austin, however, his map of 'law properly so called' is considerably narrower than Bentham's, and embraces two categories: the laws of God and human laws. Human laws (i.e. laws set down by men for men) are further divided into positive laws or laws 'strictly so called' (i.e. laws laid down by men as political superiors or in pursuance of legal rights) and laws laid down by men not as political superiors or not in pursuance of legal rights. Laws 'improperly so called' are divided into laws by analogy (e.g. laws of fashion, constitutional, and international law) and by metaphor (e.g. the law of gravity). Laws by analogy, together with laws set by men not as political superiors or in pursuance of legal right, are merely 'positive morality'. It is only positive law that is the proper subject of jurisprudence.

Bentham is best known as a utilitarian (see Chapter 4) and law reformer. But he insisted on the separation between what he called 'expositorial' and 'censorial' jurisprudence. The former describes what is, the latter what ought to be. Austin was no less categorical in preserving this division, but his analysis is narrower in both its compass and purpose than Bentham's.

Though both adhere to a utilitarian morality, and adopt broadly similar views on the nature and function of jurisprudence and the serious inadequacies of the common law tradition, there are several important differences in their general approach to the subject. In particular, Bentham pursues the notion of a single, complete law which adequately expresses the will of the legislature. He seeks to show how a single law creates a single offence defined by its being the narrowest species of that kind of offence recognized by the law.

Austin, on the other hand, builds his scheme of a legal system on the classification of rights; he is not troubled by a search for a 'complete' law. Also, in his pursuit to provide a plan of a comprehensive body of laws and the elements of the 'art of legislation', Bentham expounds a complex 'logic of the will'. Austin seeks to construct a science of law rather than engage himself in Bentham's art of legislation. And while Bentham sought to devise means by which arbitrary power, especially of judges, might be checked, Austin was less anxious about these matters.

The central feature of Austin's map of the province of jurisprudence is the notion of law as a command of the sovereign. Anything that is not a command is not law. Only general commands count as law. And only commands emanating from the sovereign are 'positive laws'. Austin's insistence on law as commands requires him to exclude customary, constitutional, and public international law from the field of jurisprudence. This is because no specific sovereign can be identified as the author of their rules. Thus, in the case of public international law, sovereign states are notoriously at liberty to disregard its requirements.

For Bentham, however, commands are merely one of four methods by which the sovereign enacts law. He distinguishes between laws which command or prohibit certain conduct (imperative laws) and those which permit certain conduct (permissive laws). He argues that all laws are both penal and civil; even in the case of title to property there is a penal element. Bentham seeks to show that laws which impose no obligations or sanctions (what he calls 'civil laws') are not 'complete laws', but merely parts of laws. And, since his principal objective was the creation of a code of law, he argued that the penal and civil branches should be formulated separately.

The relationship between commands and sanctions is no less important for Austin. Indeed, his very concept of a command includes the probability that a sanction will follow failure to obey the command. But what is a sanction? Austin defines it as some harm, pain, or evil that is conditional upon the failure of a person to comply with the wishes of the sovereign. There must be a realistic probability that it will be inflicted upon anyone who infringes a command. There need only be the *threat* of the possibility of a minimal harm, pain, or evil, but unless a sanction is likely to follow, the mere expression of a wish is not a command. Obligations are therefore defined in terms of sanctions: this is a central tenet of Austin's imperative theory. The likelihood of a sanction is always uncertain, but Austin is driven to the rather unsatisfactory position that a sanction consists of 'the smallest chance of incurring the smallest evil'.

The idea of a sovereign issuing commands pervades the theories of both Bentham and Austin. It is important to note that both regard the sovereign's power as constituted by the habit of the people generally obeying his laws. But while Austin insists on the illimitability and indivisibility of the sovereign, Bentham, alive to the institution of federalism, acknowledges that the supreme legislative power may be both limited and divided by what he calls an express convention.

For Austin, to the four features of a command (wish, sanction, expression of a wish, and generality) is to be added a fifth, namely an identifiable political superior – or sovereign – whose commands are obeyed by political inferiors and who owes obedience to no one. This insistence on an omnipotent lawgiver distorts those legal systems which impose constitutional restrictions on the legislative competence of the legislature or which divide such power between a central federal legislature and lawmaking bodies of constituent states or provinces (such as in the United States, Canada or Australia). Bentham, on the other hand, acknowledges that sovereignty may be limited or divided, and accepts (albeit reluctantly) the possibility of judicial review of legislative action.

Austin's contention that 'laws properly so called' be confined to the commands of a sovereign leads him to base his idea of sovereignty on the habit of obedience adopted by members of society. The sovereign must, moreover, be determinate (i.e. the composition of the sovereign body must be unambiguous), for 'no indeterminate sovereign can command expressly or tacitly, or can receive obedience or submission'. And this results in Austin famously refusing to accept as 'law' public international law, customary law, and a good deal of constitutional law.

Moreover, by insisting that the sanction is an indispensable ingredient in the definition of law, Austin is driven to defining duty in terms of sanction: if the sovereign expresses a wish and has the power to inflict an evil (or sanction) then a person is under a duty to act in accordance with that wish. The distinction between a 'wish' and the 'expression of a wish' resembles the distinction between a bill and a statute.

Austin's association between duty and sanction has attracted considerable criticism, though it may be that he was merely seeking to show – in a formal sense – that, where there is a duty, its breach normally gives rise to a sanction. In other words, he is not necessarily seeking to provide an explanation for why law is obeyed or whether it ought to be obeyed, but rather when a legal duty exists. Nevertheless, he unquestionably accords unwarranted significance to the concept of duty. The law frequently imposes no direct duty, such as when it facilitates marriage, contracts, and wills. We are not under any duty to carry out these transactions, but they are plainly part of the law. H. L. A. Hart calls them 'power-conferring rules' (see below).

The less dogmatic approach of Bentham allows that a sovereign's commands constitute law even in the absence of sanctions in the Austinian sense. Law, according to Bentham, includes both punishments ('coercive motives') and rewards ('alluring motives'), but they do not define what is and what is not law.

Bentham and Austin laid the foundations for modern legal positivism. But their ideas have been considerably refined, developed, and even rejected, by contemporary legal positivists. The remainder of this chapter outlines the approaches of its three leading protagonists: H. L. A. Hart, Hans Kelsen, and Joseph Raz.

Law as social rules: H. L. A. Hart

H. L. A. Hart (1907–92) is often credited with charting the precincts of modern legal theory by applying the techniques of analytical, and especially linguistic, philosophy to the study of law. His work illuminates the meaning of legal concepts, the manner in which we deploy them, and the way we think about law and the legal system. What, for example, does it mean to have a 'right'? What is a corporation or an obligation? Hart claims that we cannot properly understand law unless we understand the conceptual context in which it emerges and develops. He argues, for instance, that language has an 'open texture': words (and hence rules) have a number of clear meanings, but there are always several 'penumbral' cases where it is uncertain whether the word applies or not. His book, *The Concept of Law*, published in 1961, is a classic of legal theory and has served as a catalyst for many other jurists around the world.

Hart's positivism is a far cry from the largely coercive picture of law painted by Bentham and Austin. Hart conceives of law as a social

6. H. L. A. Hart: the father of modern legal positivism.

phenomenon that can be understood only by describing the actual social practices of a community. In order for it to survive as a community, Hart argues, there need to be certain fundamental rules. He calls these the 'minimum content of natural law'. They arise out of our human condition which manifests the following essential features:

'Human vulnerability': We are all susceptible to physical attacks.

'Approximate equality': Even the strongest must sleep at times.

'Limited altruism': We are, in general, selfish.

'Limited resources': We need food, clothes, and shelter and they are limited.

'Limited understanding and strength of will': We cannot be relied upon to cooperate with our fellow men.

These human frailties require the enactment of rules to protect persons and property, and to ensure that promises are kept. But, though he employs the shibboleth 'natural law', he does not mean that law is derived from morals or that there is a necessary conceptual relationship between the two. Nor is he saying that this minimum content of natural law ensures a fair or just society. Hart disengages his legal positivism from both the utilitarianism (see Chapter 4) and the command theory of law championed by Austin and Bentham. In the case of the latter, his rejection is based on the view that law is more than the decree of a gunman: a command backed by a sanction.

The nucleus of Hart's theory is the existence of fundamental rules accepted by officials as stipulating procedures by which the law is enacted. The most important of these he calls the rule of recognition which is the fundamental constitutional rule of a legal system, acknowledged by those officials who administer the law as specifying the conditions or criteria of validity which certify whether or not a rule is indeed a rule.

Law, in Hart's analysis, is a system of rules. His argument is as follows. All societies have social rules. These include rules relating to morals, games, etc., as well as obligation rules that impose duties or obligations. The latter may be divided into moral rules and legal rules (or law). As a result of our human limitations, mentioned above, there is a necessity for obligation rules in all societies. Legal rules are divisible into primary rules and secondary rules. The former proscribe the use of violence, theft, and deception to which human beings are tempted but which they must normally repress if they are to coexist in close proximity. The rules of primitive societies are normally restricted to these primary rules imposing obligations. But as a society becomes more complex, there is obviously a need to change the primary rules, to adjudicate on breaches of them, and to identify which rules are actually obligation rules. These three requirements are satisfied in each case in modern societies by the introduction of three sorts of secondary rules: rules of change, adjudication, and recognition. Unlike primary rules, the first two of these secondary rules do not generally impose duties, but usually confer power. The rule of recognition, however, does seem to impose duties (largely on judges). I expand on this point below.

The existence of a legal system requires that two conditions must be satisfied. First, valid obligation rules must be generally obeyed by members of society, and, secondly, officials must accept the rules of change and adjudication; they must also accept the rule of recognition 'from the internal point of view'.

As already pointed out, Hart rejects Austin's conception of rules as commands, and the notion that rules are phenomena that consist merely in externally observable activities or habit. Instead he asks us to consider the *social* dimension of rules, namely the manner in which members of a society perceive the rule in question, their attitude towards it. This 'internal' aspect distinguishes between a rule and a mere habit.

Thus, to use his example, chess players, in addition to having similar habits of moving the Queen in the same way, also have a 'critical reflective attitude' to this way of moving it: they each regard it as a *standard* for all who play chess. They exhibit these views in their appraisal of other players, and acknowledge the legitimacy of such criticism when they are themselves subjected to it.

In other words, to grasp the nature of rules we must examine them from the point of view of those who *experience* them, or who pass judgement on them. He also employs the concept of a 'rule' to distinguish between 'being obliged' and 'having an obligation'. When a gunman says, 'Your money or your life?' you are *obliged* to obey, but, says Hart, you have no *obligation* to do so – because no rule imposes an obligation on you.

Having described the nature and purpose of primary rules, Hart attempts to show that every legal system incorporates secondary rules of three kinds. The first he calls rules of change. These facilitate legislative or judicial changes to both the primary rules and certain secondary rules (e.g. the rule of adjudication, below). This process of change is regulated by secondary rules that confer power on individuals or groups (e.g. Congress or Parliament) to enact legislation in accordance with certain procedures. Rules of change also confer power on you and me to alter our legal status (e.g. by making contracts, wills, etc.).

Secondly, there are rules of adjudication that confer authority on individuals, such as judges, to pass judgment mainly in cases of breaches of primary rules. This power is normally associated with a further power to punish the wrongdoer or compel the wrongdoer to pay damages.

Thirdly, there is the rule of recognition which determines the criteria by which the validity of all the rules of a legal system is decided. As pointed out above, unlike the other two types of secondary rules, it appears, in part, to be duty-imposing: it requires those who exercise public power (particularly judges) to follow certain rules. Hart maintains that rules are valid members of the legal system only if they satisfy the criteria laid down by the rule of recognition. Comparing it to the standard metre bar in Paris (the definitive standard by which a metre was once measured), the validity of the rule of recognition cannot be questioned. It is neither valid nor invalid, but is simply accepted as the correct standard.

A legal system exists, according to Hart, only if valid primary rules are obeyed, and officials accept the rules of change and adjudication. In Hart's words:

> The assertion that a legal system exists is . . . a Janus-faced statement looking both to obedience by ordinary citizens and to the acceptance by officials of secondary rules as critical common standards of official behaviour.

You and I, as ordinary members of society, do not need to accept the primary rules or the rule of recognition; it is necessary only that the *officials* do so from 'an internal point of view'. What does this mean? Hart's answer is as follows:

> What is necessary is that there should be a critical reflective attitude to certain patterns of behaviour as a common standard, and that this should display itself in criticism (including self-criticism), demands for conformity, and in acknowledgements that such criticism and demands are justified, all of which find their characteristic expression in the normative terminology of 'ought', 'must', and 'should', 'right' and 'wrong.'

This 'internal' dimension of rules thus distinguishes social rules from mere group habits. By accepting secondary rules, officials need not approve of them. Judges in an iniquitous legal system may detest the rules they are required to apply, but by accepting them they satisfy Hart's conditions for a legal system to exist.

Hart concedes that where a legal system fails to receive general approval, it would be both morally and politically objectionable. But these moral and political criteria are not identifying characteristics of the notion of 'legal system'. The validity of a legal system is therefore independent from its efficacy. A completely ineffective rule may be a valid one – as long as it emanates from the rule of recognition. But to be a valid rule, the legal system of which the rule is a component must, as a whole, be effective.

Law as norms: Hans Kelsen

Hans Kelsen (1881–1973), in his complex 'pure theory of law', expounds a subtle and profound account of the way in which we should understand law. We should do so, he insists, by conceiving it to be a system of 'oughts' or *norms*. Kelsen does concede that the law consists also of legal acts as determined by these norms. But the essential character of law derives from norms – which include judicial decisions and legal transactions such as contracts and wills. Even the most general norms describe human conduct.

Influenced by the great 18th-century philosopher, Immanuel Kant, Kelsen accepts that we can understand objective reality only by the application of certain formal categories like time and space that do not 'exist' in nature: we use them in order to make sense of the world. Similarly, to understand 'the law' we need formal categories, such as the basic norm – or *Grundnorm* – which, as its name suggests, lies at the base of any legal system (see below). Legal theory, argues Kelsen, is no less a science than physics or chemistry. Thus we need to disinfect the law of the impurities of morality, psychology, sociology, and political theory. He thus propounds a sort of ethical cleansing under which our analysis is directed to the norms of positive law: those 'oughts' that declare that if certain conduct (X) is performed, then a sanction (Y) should be applied by an official to the offender. His 'pure' theory thus excludes that which we cannot objectively know, including law's moral, social, or political functions. Law has but one purpose: the monopolization of force.

7. Hans Kelsen attempted the ethical cleansing of legal theory.

Kelsen's concept of a norm entails that something ought to be, or that something ought to happen – in particular, that a person ought to behave in a specific way. Hence both the statement 'the door ought to be closed,' and a red traffic light constitute norms. To be valid, however, a norm must be authorized by another norm which, in turn, must be authorized by a higher legal norm in the system. Kelsen is intensely relativistic: he repudiates the idea that there are values 'out there'. For him all norms are relative to the individual or group under consideration.

The promotion of social order is achieved by governments enacting norms that determine whether our conduct is lawful or unlawful. These norms, argues Kelsen, provide sanctions for failure to comply with them. Legal norms therefore differ from other norms in that they prescribe a sanction. A legal system is founded on state coercion; behind its norms is the threat of force. This distinguishes the tax collector from the robber. Both demand your money. Both, in other words, require that you *ought* to pay up. Both exhibit a *subjective* act of will, but only the tax collector's is *objectively* valid. Why? Because, says Kelsen, the subjective meaning of the robber's coercive order is not interpreted as its objective meaning. Why not? Because no basic norm is presupposed according to which one ought to comply with this order. And why not? Because the robber's coercive order lacks the 'lasting effectiveness without which no basic norm is presupposed'. This demonstrates the essential relationship in Kelsen's theory between validity and effectiveness, which is discussed below.

His model of a legal system is therefore a succession of interconnected norms advancing from the most general 'oughts' (e.g. sanctions ought to be effected in accordance with the constitution) to the most particular or 'concrete' (e.g. Charles is contractually bound to mow Camilla's grass). Each norm in this hierarchical system draws its validity from another higher norm. The validity of all norms is ultimately based on the basic norm.

As the validity of each norm depends on a higher norm whose validity depends in turn on another higher norm, we eventually reach a point of no return. This is the basic norm or *Grundnorm*. All norms emanate from this norm in escalating levels of 'concreteness', including the very constitution of the state. Since, by definition, the validity of the basic norm cannot depend on any other norm, it has to be presupposed. Without this presupposition, Kelsen claims, we cannot understand the legal order. The basic norm exists, but only in the 'juristic consciousness'. It is an assumption that makes possible our comprehension of the legal system by the legal scientist, judge, or lawyer. It is not, however, selected arbitrarily, but by reference to whether the legal order as a whole is 'by and large' effective. Its validity depends on efficacy. In other words, the validity of the basic norm rests, not on another norm or rule of law, but is *assumed* – for the purpose of purity. It is therefore a hypothesis, a wholly formal construct.

The nature of the basic norm is illustrated by Kelsen's religious analogy in which a son is instructed by his father to go to school. To this individual norm, the son replies, 'Why should I go to school?' In other words, he asks why the subjective meaning of his father's act of will is its objective meaning, i.e. a norm binding for him – or, which means the same thing, what is the basis of the validity of this norm. The father responds, 'Because God has commanded that parents be obeyed – that is, God has authorized parents to issue commands to children.' The son retorts, 'Why should one obey the commands of God?' He is, in Kelsenian terms, asking why the subjective meaning of this act of will of God is also its objective meaning – that is, a valid norm or, which amounts to the same thing, what is the basis of the validity of this general norm. The only possible answer to this is: because, as a believer, one presupposes that one ought to obey the commands of God. This is the statement of the validity of a norm that must be presupposed in a believer's thinking in order to ground the validity of the norms of a religious morality. It constitutes the basic norm of a religious morality, the norm that grounds the validity of all the norms of that morality – a 'basic' norm, because no further question can be raised about the basis of its validity. The statement is not a positive norm – i.e. not a norm posited by a real act of will – but a norm presupposed in a believer's thinking.

The basic norm is intended to have two major functions. First, it assists us in distinguishing between the demands of a robber and those of the law. In other words, it enables us to regard a coercive order as objectively valid. Secondly, it explains the coherence and unity of a legal order. All valid legal norms may be interpreted as a non-contradictory field of meaning.

Kelsen frames the basic norm as follows:

> Coercive acts ought to be performed under the conditions and in the manner which the historically first constitution, and the norms created according to it, prescribe. (In short: One ought to behave as the constitution prescribes.)

The basic norm, as a purely formal construct, has no specific content. Any human conduct, Kelsen says, may be the subject matter of a legal norm. Nor can the validity of a positive legal order be denied merely because of the content of its norms.

Since Kelsen argues that the effectiveness of the whole legal order is a necessary condition of its validity of every norm within it, implicit in the very existence of a legal system is the fact that its laws are generally obeyed. In *The Pure Theory of Law* he puts the matter bluntly: 'Every by and large effective coercive order can be interpreted as an objectively valid normative order.' But this is problematic. How can we know whether laws are actually being observed or disregarded? How do we test whether the law is, in Kelsen's phrase, 'by and large' effective? Many would say that the efficacy or otherwise of a legal order is an empirical matter, something we can witness or observe. But the pure theory spurns 'sociological' enquiries of this kind.

Kelsen also eschews any consideration of the reasons why the law might be effective (its rationality, goodness, etc.). If the validity of a legal order requires the effectiveness of its basic norm, it follows that when that basic norm of the system no longer attracts general support, there is no law. This is what happens after a successful revolution. The existing basic norm no longer exists, and, Kelsen says, once the new laws of the revolutionary government are effectively enforced, lawyers may presuppose a new basic norm. This is because the basic norm is not the constitution, but the presumption that the altered state of affairs ought to be accepted in fact.

Kelsen's ideas have been cited by a number of courts in countries which have experienced revolutions: Pakistan, Uganda, Rhodesia, and Grenada.

Law as social fact: Joseph Raz

The writing of the Oxford philosopher, Joseph Raz (b. 1939) does not lend itself to simple synopsis. As a leading 'hard' or 'exclusivist' legal positivist, Raz maintains that the identity and existence of a legal system may be tested by reference to three elements; efficacy, institutional character, and sources. Law is thus drained of its moral content, based on the idea that legality does not depend on its moral merit. 'Soft' positivists, like H. L. A. Hart, reject this view, and acknowledge that content or merit may be included or incorporated as a condition of validity. They are therefore also called 'incorporationists'.

Raz argues, however, that the law is autonomous: we can identify its content without recourse to morality. Legal *reasoning*, on the other hand, is not autonomous; it is an inevitable, and desirable, feature of judicial reasoning. For Raz, the existence and content of every law may be determined by a *factual* enquiry about conventions, institutions, and the intentions of participants in the legal system. The answer to the question 'what is law?' is always a fact. It is never a moral judgement. This marks him as a 'hard' or 'exclusive' positivist. 'Exclusive' because the reason we regard the law as authoritative is the fact that it is able to guide our behaviour in a way that morality cannot do. In other words, the law asserts its primacy over all other codes of conduct. Law is the ultimate source of authority. Thus, a legal system is quintessentially one of authoritative rules. It is this claim of authority that is the trademark of a legal system.

Raz identifies three principal claims made by positivists and attacked by natural lawyers:

The 'social thesis': that law may be identified as a social fact, without reference to moral considerations.

The 'moral thesis': that the moral merit of law is neither absolute nor inherent, but contingent upon 'the content of the law and the circumstances of the society to which it applies'.

The 'semantic thesis': that normative terms such as 'right' and 'duty' are not used in moral and legal contexts in the same way.

Raz accepts only the 'social thesis' on the basis of the three accepted criteria by which a legal system may be identified: its efficacy, its institutional character, and its sources. From all three, moral questions are excluded. Thus, the institutional character of law means simply that laws are identified by their relationship to certain institutions (e.g. the legislature). Anything – however morally acceptable – not admitted by such institutions is not law, and vice versa.

Raz actually postulates a stronger version of the 'social thesis' (the 'sources thesis') as the essence of legal positivism. His major justification for the sources thesis is that it accounts for a primary function of law: the setting of standards by which we are bound, in such a way that we cannot excuse our non-compliance by challenging the rationale for the standard.

It is mainly upon his acceptance of the social thesis, and his rejection of the moral and semantic theses, that Raz assembles his case against a general moral obligation to obey the law. In reaching this conclusion, he repudiates three common arguments made for the moral authority of law. First, it is often argued that to distinguish, as positivists do, between law and other forms of social control, is to neglect the functions of law; and because functions cannot be described in a value-free manner, any functional account of law must involve moral judgements – and so offend the social thesis. Raz argues that, while law does indeed have certain functions, his own analysis of them is value-neutral.

Nor, secondly, does Raz accept that the content of law cannot be determined exclusively by social facts: so, for example, since courts unavoidably rely on explicitly moral considerations, they creep into determinations of what the law actually is. Although Raz concedes that moral concerns do enter into adjudication, he insists that this is inevitable in any source-based system. But it does not, in his view, establish a case against the sources thesis. Finally, it is occasionally argued that what is distinctive about the law is that it conforms to the ideal of the rule of law, the belief that no one is above the law. Surely, some contend, this demonstrates that the law is indeed moral. Raz attempts to refute this proposition by arguing that, while conformity to the rule of law reduces the abuse of executive power, it does not confer an independent moral merit upon the law. For him the rule of law is a negative virtue – for the risk of arbitrary power is created by the law itself. He thus concludes that, even in a legal system that is fair and just, there is no prima facie duty to obey the law.

Chapter 3
Law as interpretation

The foundations of legal philosophy were shaken in the 1970s by the ideas of the American jurist, Ronald Dworkin (b. 1931) who in 1969 succeeded H. L. A. Hart as Professor of Jurisprudence at Oxford. The dominance of legal positivism, especially in Britain, was over the next three decades subjected to a comprehensive onslaught in the form of a complex theory of law that is both controversial and highly influential. His concept of law continues to exert considerable authority, especially in the United States, whenever contentious moral and political issues are debated. It is unthinkable that any serious analysis of, say, the role of the United States Supreme Court, the issue of abortion, or general questions of liberty and equality could be conducted without a consideration of the views of Ronald Dworkin. His constructive vision of law is both a profound analysis of the concept of law and a compelling entreaty in support of its enrichment.

Among the numerous elements of his sophisticated philosophy is the contention that the law contains a solution to almost every problem. This is at variance with the traditional – positivist – perception that, when a judge is faced with a difficult case to which no statute or previous decision applies, he exercises a discretion and decides the case on the basis of what seems to him to be the correct answer. Dworkin contests this position, and shows how a judge does not make law, but rather *interprets* what is already part of the legal

8. Ronald Dworkin regards law as an interpretive process under which individual rights are paramount.

materials. Through his interpretation of these materials, he gives voice to the values to which the legal system is committed.

To understand Dworkin's key proposition that law is a 'gapless' system, consider the following two situations:

An impatient beneficiary under a will murders the testator. Should he be permitted to inherit?

A chess grand master distracts his opponent by continually smiling at him. The opponent objects. Is smiling in breach of the rules of chess?

Hard cases

These are both 'hard cases' for in neither case is there a determinable rule to resolve it. This gives legal positivists a headache, for, as discussed in the last chapter, positivism generally claims that law consists of rules determined by social facts. Where, as in these examples, rules run out, the problem can be resolved only by the exercise of a subjective, and hence potentially arbitrary, discretion: a lawyer's nightmare.

If, however, there is more to law than rules, as Dworkin claims, then an answer may be found in the law itself. Hard cases such as these may, in other words, be decided by reference to the legal materials; there is no need to reach outside the law and so to allow subjective judgements to enter.

The first puzzle mentioned above is drawn from the New York decision of *Riggs* v. *Palmer* in 1899. The will in question was validly executed and was in the murderer's favour. But whether a murderer could inherit was uncertain: the rules of testamentary succession provided no applicable exception. The murderer should therefore have a right to his inheritance. The New York court held, however, that the application of the rules was subject to the principle that 'no person should profit from his own wrong'. Hence a murderer could not inherit from his victim. This decision reveals, Dworkin argues, that, in addition to rules, the law includes *principles*.

In the second dilemma, Dworkin argues, the referee is called upon to determine whether smiling is in breach of the rules of chess. The rules are silent. He must therefore consider the nature of chess as a game of intellectual skill; does this include the use of psychological intimidation? He must, in other words, find the answer that best 'fits' and explains the practice of chess. To this question there will be a right answer. And this is equally true of the judge deciding a hard case.

Legal systems characteristically generate controversial or hard cases such as these in which a judge may need to consider whether to look beyond the strict letter of what the law is to determine what it ought to be. He engages, in other words, in a process of interpretation in which arguments that resemble moral claims feature. This interpretive dimension of law is a fundamental component of Dworkin's theory. His assault on legal positivism is premised on the impossibility of the separation between law and morals that it proposes.

Thus for Dworkin, law consists not merely of rules, as Hart contends, but includes what Dworkin calls non-rule standards. When a court has to decide a hard case it will draw on these (moral or political) standards – principles and policies – in order to reach a decision. No rule of recognition – as described by Hart and discussed in the last chapter – exists to distinguish between legal and moral principles. Deciding what the law is depends inescapably on moral-political considerations.

There are two phases in Dworkin's conception of legal reasoning. First he contended in the 1970s that legal positivism is unable to explain the significance of legal principles in determining what the law is. In the 1980s Dworkin advanced a more radical thesis that law was essentially an interpretive phenomenon. This view rests on two main premises. The first maintains that determining what the law requires in a particular case necessarily involves a form of interpretative reasoning. Thus, for example, to claim that the law protects my right of privacy against the *Daily Rumour* constitutes a conclusion of a certain interpretation. The second premise is that interpretation always entails evaluation. If correct, this would all but sound the death knell for legal postivists' separation thesis.

In a hard case the judge therefore draws on principles, including his own conception of the best interpretation of the system of political institutions and decisions of his community. 'Could my decision', he must ask, 'form part of the best moral theory justifying the whole legal and political system?' There can only be one right answer to every legal problem; the judge has a duty to find it. His answer is 'right' in the sense that it fits best with the institutional and constitutional history of his society and is morally justified. Legal argument and analysis are therefore 'interpretive' because they attempt to make the best moral sense of legal practices.

Dworkin's attack on legal positivism is crucially founded on his concern that the law ought to 'take rights seriously'. Rights trump other considerations such as community welfare. Individual rights are seriously compromised if, as Hart claims, the result of a hard case depends on the judge's personal opinion, intuition, or the exercise of his strong discretion. My rights may then simply be subordinated to the interests of the community. Instead, Dworkin contends, my rights should be recognized as *part of the law*. His theory thus provides more muscle to the defence of individual rights and liberty than legal positivism can deliver.

In his best-known and most comprehensive work, *Law's Empire*, Dworkin launches a wholesale attack on both 'conventionalism' and pragmatism. The former argues that law is a function of social convention which it then designates as legal convention. In other words, it claims that law consists in no more than following certain conventions (e.g. that decisions of higher courts are binding on lower ones). Conventionalism also regards law as incomplete: the law contains 'gaps' which judges fill with their own preferences. Judges, in other words, exercise a 'strong discretion'.

Conventionalist accounts of law, Dworkin argues, fail to provide either a convincing account of the process of lawmaking or an adequately robust defence of individual rights. In Dworkin's vision of 'law as integrity' (see below), a judge must think of himself not, as the conventionalist would claim, as giving voice to his own moral or political convictions, or even to those convictions which he thinks the legislature or the majority of the electorate would approve, but as an author in a chain of the common law. As Dworkin says,

> He knows that other judges have decided cases that, although not exactly like his case, deal with related problems; he must think of their decisions as part of a long story he must interpret and then continue, according to his own judgment of how to make the developing story as good as it can be.

Pragmatists, according to Dworkin, adopt a sceptical attitude towards the view that past political decisions justify state coercion. Instead, they find such justification in the justice or efficiency or other virtue of the exercise of such coercion by a judge. This approach fails to take rights seriously because it treats rights instrumentally – they have no independent existence: rights are simply a means by which to make life better. Pragmatism rests on the claim that judges do – and should – make whatever decisions seem to them best for the community's future, rejecting consistency with the past as valuable for its own sake.

It is only what Dworkin calls 'law as integrity' (see below) that provides an acceptable justification for the state's use of force. Law's empire, he tells us, 'is defined by attitude, not territory or power or process'. Law, in other words, is an interpretive concept addressed to politics in its widest sense. It adopts a constructive approach in that it seeks to improve our lives and our community.

Principles and policies

Dworkin's account of the judicial function requires the judge to treat the law as if it were a seamless web. There is no law beyond the law. Nor, contrary to the positivist thesis, are there any gaps in the law. Law and morals are inextricably intertwined. There cannot therefore be a rule of recognition, as described in the last chapter, by which to identify the law. Nor does Hart's view of law as a union of primary and secondary rules provide an accurate model, for it omits or at least neglects the importance of principles and policies.

Dworkin claims that, while rules 'are applicable in an all-or-nothing fashion', principles and policies have 'the dimension of weight or importance'. In other words, if a rule applies, and it is a valid rule, a case must be decided in a way dictated by the rule. A principle, on the other hand, provides a reason for deciding the case in a particular way, but it is not a conclusive reason: it will have to be weighed against other principles in the system.

Principles differ from policies in that the former is 'a standard to be observed, not because it will advance or secure an economic, political, or social situation, but because it is a requirement of justice or fairness or some other dimension of morality'. A 'policy', however, is 'that kind of standard that sets out a goal to be reached, generally an improvement in some economic, political, or social feature of the community'.

Principles describe rights; policies describe goals. But rights are trumps. They have a 'threshold weight' against community goals. They should not be squashed by a competing community goal. Every civil case, he argues, raises the question, 'Does the plaintiff have a right to win?' The community's interests should not come into play. Thus civil cases are, and should be, decided by principles. Even where a judge appears to be advancing an argument of policy, we should interpret him as referring to principle because he is, in fact, determining the individual rights of members of the community. Thus, should a judge appeal, say, to public safety, to justify some abstract right, this should be read as an appeal to the competing rights of those whose security will be forfeited if the abstract right is made concrete.

In a 'hard case' – like the homicidal beneficiary in *Riggs* v. *Palmer* (above) – no rule is immediately applicable. Thus the judge must apply standards other than rules. The ideal judge – whom Dworkin calls Hercules – must 'construct a scheme of abstract and concrete principles that provides a coherent justification for all common law precedents and, so far as these are to be justified on principle, constitutional and statutory principles as well'. Where the legal materials permit more than one consistent interpretation, Hercules will decide on the theory of law and justice which best coheres with the 'institutional history' of his community.

What if Hercules discovers a previous decision that does not 'fit' his own interpretation of the law? Suppose it is a precedent decided by a higher court which Hercules lacks the power to overrule? He may, says Dworkin, treat it as an 'embedded mistake', and confine it to having only 'enactment force'. This means its effect would be limited in future cases to its precise wording. Where, however, a previous judgment is neither overruled nor is regarded as an embedded mistake, it will generate what Dworkin calls 'gravitational force', that is, it will exert an influence that extends beyond its actual wording: it will appeal to the fairness of treating like cases alike.

Dworkin contends that conventionalism (or legal positivism) is gravely impaired by arguments concerning the criteria of legal validity. As we saw in the last chapter, legal positivists are generally content with the fact that the rule of recognition stipulates that X is law. The pedigree of a rule is thus conclusive of its validity. But the basis of legal validity, Dworkin argues, cannot be determined solely by the standards contained in the rule of recognition. This constitutes what he calls the 'semantic sting' of legal positivism: positivist arguments about the law are really semantic disagreements concerning the meaning of the word 'law'.

But Dworkin argues that the concept of legal validity is more than mere promulgation in accordance with the rule of recognition. Semantic theories contest the claim that there are universal standards that exhaust the conditions for the proper application of the concept of law. Such theories, Dworkin argues, erroneously suppose that significant disagreement is impossible unless there are criteria for determining when our claims are sound, even if we cannot accurately specify what these criteria are.

Liberalism

His rights thesis is based on a form of liberalism that derives from the view that 'government must treat people as equals'. It may not impose any sacrifice or constraint on any citizen that the citizen could not accept without abandoning his sense of equal worth. His analysis of political morality has three ingredients: 'justice', 'fairness', and 'procedural due process'. 'Justice' incorporates both individual rights and collective goals which would be recognized by the ideal legislator dedicated to treating citizens with equal concern and respect. 'Fairness' refers to those procedures that give all citizens roughly equal influence in decisions that affect them. 'Procedural due process' relates to the correct procedures for determining whether a citizen has violated the law.

Upon this foundation of political liberalism, Dworkin has launched numerous forays against, for example, the enforcement by the criminal law of private morality, the idea of wealth as a value, and the alleged injustice of positive discrimination.

His purpose is to 'define and defend a liberal theory of law'. And this is the mainspring of his assault on positivism, conventionalism, and pragmatism. None of these theories of law provides an adequate defence of individual rights. It is only 'law as integrity' (see below) which affords a suitable defence against the advance by instrumentalism upon individual rights and general liberty.

A key – controversial – component of Dworkinian legal theory is its claimed affinity to literary interpretation. When we attempt to interpret a work of art, Dworkin argues, we seek to understand it in a particular way. We try to portray the book, movie, poem, or picture accurately. We want to establish, as far as we are able, the intentions of the author in a *constructive* manner. Why did Henry James choose to write about these particular characters? What was his purpose? In answering these sorts of questions, we characteristically attempt to give the best account of the novel we can.

Law, claims Dworkin, like a novel or a play, requires interpretation. Judges are like interpreters of a developing story. They acknowledge their duty to preserve rather than reject their judicial tradition. They therefore develop, in response to their own beliefs and instincts, theories of the most constructive interpretation of their obligations within that tradition. We should therefore think of judges as authors engaged in a chain novel, each one of whom is required to write a new chapter which is added to what the next co-novelist receives. Each novelist attempts to make a single novel out of the previous chapters; he endeavours to write his chapter so that the ultimate result will be coherent. To accomplish this, he requires a vision of the story as it proceeds: its characters, plot, theme, genre, and general purpose. He will try to find the meaning in the evolving creation, and an interpretation that best justifies it.

Law as integrity

As a constructive interpreter of the preceding chapters of the law, Hercules, the superhuman judge, will espouse the best account of the concept of law. And, in Dworkin's view, that consists in what he calls 'law as integrity'. This obliges Hercules to enquire whether his interpretation of the law could form part of a coherent theory justifying the whole legal system. What is 'integrity'? Dworkin offers the following description of its important elements:

> [L]aw as integrity accepts law and legal rights wholeheartedly . . . It supposes that law's constraints benefit society not just by providing predictability or procedural fairness, or in some other instrumental

> way, but *by securing a kind of equality among citizens that makes their community more genuine and improves its moral justification for exercising the political power it does.* . . . It argues that rights and responsibilities flow from past decisions and so count as legal, not just when they are explicit in these decisions but also when they follow from the principles of personal and political morality the explicit decisions presuppose by way of justification.

The collective application of coercion is defensible only when a society accepts integrity as a political virtue. This enables it to justify its moral authority to exercise a monopoly of force. Integrity is also a safeguard against partiality, deceit, and corruption. It ensures that the law is conceived as a matter of principle – addressing all members of the community as equals. It is, in short, an amalgam of values which form the essence of the liberal society and the rule of law, or, as Dworkin, has now called it, 'legality'.

Why do we value the law? Why do we respect those societies that adhere to the law and, more importantly, celebrate their observance of those political virtues that characterize states 'under law'? We do so, Dworkin suggests in his more recent work, because, while an efficient government is laudable, there is a greater value that is served by legality. A concern with the moral legitimacy of the law is a primary element of Dworkin's legal philosophy. It is based, in large part, on the rather imprecise concept of 'community' or 'fraternity'.

A political society that accepts integrity becomes a special form of community because it asserts its moral authority to use coercion. Integrity entails a kind of reciprocity between citizens, and an acknowledgement of the significance of their 'associative obligation'. A community's social practices spawn genuine obligations when it is a true, not merely a 'bare', community. This occurs when its members consider their obligations as special (i.e. applying specifically to the group), personal (i.e. flowing between members), and based on the equal concern for the welfare of all. Where these four conditions are satisfied, members of a bare community acquire the obligations of a true one.

Dworkin constructs his idea of political legitimacy upon this notion of a true community. Political obligation, he argues, is an illustration of associative obligation. To generate political obligations, a community must be a true community. It is only a community that supports the ideal of integrity that can be a genuine, morally legitimate, associative community – because its choices relate to obligation rather than naked force.

Comparing the judicial function to the process of literary criticism accentuates the positive portrayal of law and the fundamental role of judges within it. And Dworkin's conception of a political community as an association of principle is a powerfully attractive one. It is a condition which few societies will achieve, but to which, one hopes, many aspire.

Chapter 4
Rights and justice

Legal philosophy is inconceivable without an examination of the fundamental ideas of rights and justice. Rights, legal and moral, pervade the law and legal system, and are thus a central concern of jurisprudence. And the ideal of justice is both a vaunted virtue of domestic legal systems and, in its claims of universality, aspires to transcend law itself.

Individuals and groups are nowadays quick to assert their right to almost anything, and are no less adroit in claiming that their rights have been violated. Increasing pressure is put on governments and international organizations to safeguard and advance the rights of women, of minorities, and of citizens in general. The enactment of bills of rights in many countries has imposed new duties on courts to recognize rights that are either explicitly or implicitly protected.

What is a right? Is there a distinction between my rights as recognized by the law, and rights that I believe I ought to have? What of the problems generated by the escalating variety of human rights that individuals demand? Is it appropriate to insist on such rights when – in the case, say, of the right to work or the right to education – they entail considerable public expenditure?

While legal theory seeks answers to some of these questions, its chief preoccupation has been to define the concept of a right, and to develop theories to support or explain the nature of rights, and how competing rights are to be reconciled.

There are two major theories of rights. The first is known as the 'will' theory, and holds that, when I have a right to do something, what is effectively protected is my choice whether or not to do it. It accentuates my freedom and self-fulfilment. The second theory, known as the 'interest' theory, claims that the purpose of rights is to protect, not my individual choice, but certain of my interests. It is generally regarded as a superior account of what it is to have a right.

Those who espouse this theory raise two main arguments against the will theory. First, they refute the view that the essence of a right is the power to waive someone else's duty. Sometimes, they argue, the law limits my power of waiver without destroying my substantive right (e.g. I cannot consent to murder or contract out of certain rights). Secondly, there is a distinction between the substantive right and the right to enforce it. Thus children clearly lack the capacity or choice to waive such rights, but it would be absurd, they say, to argue that therefore children have no rights.

Hohfeld

The springboard for any analysis of rights is normally the well-known analysis by the American jurist, Wesley Hohfeld (1879–1918). He attempted to elucidate the proposition 'X has a right to do R' which he argued could mean one of four things. First, it could mean that Y (or anyone else) is under a duty to allow X to do R; this means, in effect, that X has a *claim* against Y. He calls this claim right simply a 'right'. Secondly, it might mean that X is free to do or refrain from doing something; Y owes *no duty* to X. He calls this a 'privilege' (though it is often described as a 'liberty'). Thirdly, it could mean that X has a power to do R; X is simply free to do an act which alters legal rights and duties or legal relations in general (e.g. sell his property), whether or not he has a claim right or privilege to do so. Hohfeld calls this a 'power'. Finally, it might suggest that X is not subject to Y's (or anyone's) power to change X's legal position. He calls this an 'immunity'.

Each of these four 'rights', Hohfeld argues, has both 'opposites' and 'correlatives' (i.e. the other side of the same coin) as shown in the box.

Hohfeld's scheme of 'jural relations'

Opposites	**right**	**privilege**	**power**	**immunity**
	no-right	**duty**	**disability**	**liability**
Correlatives	**right**	**privilege**	**power**	**immunity**
	duty	**no-right**	**liability**	**disability**

In other words, to use Hohfeld's own example, if X has a *right* against Y that Y shall stay off X's land, the *correlative* (and equivalent) is that Y is under a *duty* to keep off the land. A *privilege* is the *opposite* of a *duty*, and the *correlative* of a *no-right*. Hence, whereas X has a *right* (or *claim*) that Y should stay off his land, X himself has the *privilege* of entering on the land, or, in other words, X does not have a duty to stay off.

Claim rights (i.e. rights in the ordinary sense) are, Hohfeld maintains, strictly *correlative* to duties. To say that X has a claim right of some kind is to say that Y (or someone else) owes a certain duty to X. But to say that X has a certain liberty is *not* to say that anyone owes him a duty. Thus, if X has a *privilege* (or liberty) to wear a hat, Y does not have a *duty* to X, but a *no-right* that X should not wear a hat. In other words, the correlative of a liberty is a no-right. Similarly, the correlative of a power is a liability (i.e. being liable to have one's legal relations changed by another), the correlative of an immunity is a disability (i.e. the inability to change another's legal relations).

This analysis has been extremely influential, even though it suffers from certain limitations. All four of Hohfeld's rights (which, in modern accounts, are usually called claim rights, liberties, powers, and immunities) are rights *against a specific person or persons*. But it does not seem to be true that, whenever I am under some duty, someone else has a corresponding right. Or vice versa. Can I not have a duty without you (or anyone else) having a right that I should perform it. Thus, the criminal law imposes certain duties on me (say, to observe the rules of the road), but no specific person has a correlative right to my performing these duties. This is because it is possible for there to be a duty to do something which is not a duty owed to *someone*. For example, a police officer is under a clear duty to report offenders; but he owes this duty to no one in particular, and, hence, it gives rise to no right in anyone.

And even where someone owes a duty to *someone* to do something, the person to whom he owes such a duty does not necessarily have any corresponding right. Thus, a teacher has certain duties towards her students, but this does not necessarily confer any rights upon them. Similarly, we acknowledge our duties to infants or animals; yet many would claim that it does not follow from this that they have rights. On the other hand, an advantage of a theory of rights based on correlativity is that the claimant of a right to, say, employment, is compelled to identify the party who is under a corresponding duty to find him a job!

Rights theory

We live in the age of rights. Human rights, animal rights, moral and political rights play a leading role in public debate. But in addition to right-based theories, some moral and legal philosophers adopt either duty-based or goal-based theories. The differences between the three is worth noting, and may be illustrated as follows. You are opposed to torture because of the suffering of the victim (this is rights-based), or because torture debases the torturer (duty-based), or you may regard torture as unacceptable only when it affects the interests of those other than the parties involved (utilitarian goal-based).

Ronald Dworkin's theory of law is underpinned by his rights thesis (see Chapter 3). Rights are trumps. The right to equal concern and respect is fundamental to human dignity and to a fair society. Equality is assigned primacy over liberty. And the ideal of equal rights has had a spectacular impact in numerous societies; think of the Civil Rights movement in the 1950s in the United States, and the collapse of apartheid in South Africa. Constitutional change has

9. Nelson Mandela with the author soon after the ANC leader's release from 27 years of imprisonment. A trained lawyer, Mandela's dedication to the overthrow of apartheid made him an international symbol of the struggle against injustice, and a champion of the establishment of liberty and equality under law.

been wrought through the strength of legal and moral argument based on the relatively uncomplicated concept of human equality.

The concept of human rights has acquired a prominent place in contemporary political and legal debate today. Turn on the news or read a newspaper: issues of human rights are ubiquitous. The idea rests on the claim that each of us as a human being, regardless of our race, religion, gender, or age, is entitled to certain fundamental and inalienable rights – merely by virtue of our belonging to the human race. Whether or not such rights are legally recognized is irrelevant, as is the fact that they may or may not emanate from a 'higher' natural law (see Chapter 1).

The acceptance by the United Nations, in the aftermath of the Holocaust, of the Universal Declaration of Human Rights in 1948, and the International Covenants on Civil and Political Rights, and

10. In the United States the campaign for equality before the law was protracted and painful. Racial prejudice assumed many forms, but the American South produced its own violent brand: between 1889 and 1918, 2,522 blacks were lynched, including 50 women.

Economic, Social and Cultural Rights in 1976, reveals a dedication by the community of nations to the universal conception and protection of human rights.

Human rights have passed through three generations. The first generation were mostly the negative civil and political rights as developed in the 17th and 18th centuries by English political philosophers like Hobbes, Locke, and Mill (see Chapter 1). They are negative in the sense that they generally prohibit interference with the right-holder's freedom. A good example is the First Amendment to the American Constitution, which makes it unlawful for the legislature to restrict a person's freedom of speech.

The second generation consists in the essentially positive economic, social, and cultural rights, such as the right to education, food, or medical care. The third generation of human rights are primarily collective rights which are foreshadowed in Article 28 of the Universal Declaration which declares that 'everyone is entitled to a social and international order in which the rights set forth in this Declaration can be fully realized'. These 'solidarity' rights include the right to social and economic development and to participate in and benefit from the resources of the earth and space, scientific and technical information (which are especially important to the Third World), the right to a healthy environment, peace, and humanitarian disaster relief.

Justice

The law is frequently equated with justice. Courts are designated 'courts of justice', their buildings flamboyantly emblazoned with the word itself, or its symbolic representations of equity and fairness. Governments create ministries of 'justice' to oversee the administration of the legal system. Alleged offenders are no longer charged or prosecuted, but 'brought to justice'. But caution is required. The law occasionally deviates from justice. Worse, it may actually be an instrument of injustice, as in Nazi Germany or apartheid South Africa. Though the law may, in virtuous societies, aspire to justice, it is mistaken to bracket the two together.

Justice, in any event, is a far from simple concept. Most discussions of the subject begin with Aristotle's claim that justice consists in treating equals equally and 'unequals' unequally, in proportion to their inequality. He distinguished between 'corrective' justice (where a court redresses a wrong committed by one party against another), and 'distributive' justice (which seeks to give each person his due according to what he deserves). Distributive justice in Aristotle's view was chiefly the concern of the legislator. But he does not tell us what justice actually is.

We gain somewhat clearer guidance from the Romans. The *Corpus Juris Civilis* is the body of civil law codified under the order of the Emperor Justinian (*c*.482–565). Justice is there defined as 'the constant and perpetual wish to give everyone that which they deserve'. And the 'precepts of the law' are stated to be 'to live honestly, not to injure others, and to give everyone his due'. These expressions, though fairly general, do contain at least three important overlapping features of any conception of justice. It conveys the importance of the individual; secondly, that individuals be treated consistently and impartially; and, thirdly, equally.

The significance of impartiality as a key element of justice is often depicted in material form as Themis, the goddess of justice and law. She typically clutches a sword in one hand and a pair of scales in the other. The sword signifies the power of those who occupy judicial positions; the scales symbolize the neutrality and impartiality with which justice is served. In the 16th century, artists portrayed her blindfolded to emphasize justice is blind: resistant to pressure or influence.

Equality seems helpful in our search for a satisfactory concept of justice. Treating equals equally and unequals unequally has a

11. The so-called goddess of justice wears a blindfold, and clutches a pair of scales in one hand, and a sword in the other. This statue stands above the Central Criminal Court (the 'Old Bailey') in London.

certain appeal – provided we can agree on objectively ascertainable and relevant grounds for distinguishing between individuals. One criterion might be their different needs. Elizabeth is rich, James is poor. Would a reasonable person object to providing resources to him rather than to her? One might if the cause of James' poverty is his profligacy and extravagance. The principle of need is therefore not without difficulty.

What of desert? Can justice be made to turn on what individuals deserve? It is often said that someone got his 'just deserts', suggesting that since Doris worked hard, she deserves her promotion over Boris. But Boris may lack Doris's drive because he has to support several dependants and fatigue is an impediment to his commitment to his job. Since he lacks complete control over his depressing domestic predicament, basing justice on desert could actually generate injustice!

Justice between individuals is no less problematic than the challenge of social justice: the establishment of social and political institutions to slice the cake fairly. Modern accounts of justice are inclined to focus on how society can most fairly distribute the burdens and benefits of social life. One especially influential theory is that of utilitarianism, and its modern alternative, the economic analysis of law. The rest of this chapter is devoted to considering this approach to justice. I shall then sketch the main features of John Rawls's celebrated theory of 'justice as fairness'.

Utilitarianism

Justice, according to utilitarians, lies in the maximization of happiness. Most famously, Jeremy Bentham (whose positivist theories we examined in Chapter 2) argued that, since in our daily lives, we strive to be happy and avoid pain, so too should society be structured to realize this objective:

> Nature has placed mankind under the governance of two sovereign masters, *pain* and *pleasure*. It is for them alone to point out what we ought to do, as well as to determine what we shall do. On the one hand the standard of right and wrong, on the other the chain of causes and effects, are fastened to their throne. . . . The *principle of utility* recognizes this subjection, and assumes it for the foundation of that system, the object of which is to rear the fabric of felicity by the hands of reason and of law. Systems which attempt to question it, deal in sounds instead of sense, in caprice instead of reason, in darkness instead of light.

The determining factor is thus the outcome of our actions: do they make us happy or sad? Through the application of a 'felicific calculus', he argued, we can test the 'happiness factor' of any action or rule. Utilitarianism thus looks to the consequences of actions; it is therefore described as a form of 'consequentialism' which must be distinguished from deontological systems of ethics which hold that the rightness or wrongness of an action is logically independent of its consequences – 'Let justice be done though the heavens fall!' is one of its uplifting slogans.

It is important to note that utilitarians distinguish between 'act utilitarianism' (the rightness or wrongness of an action is to be judged by the consequences, good or bad, of the action itself) and 'rule utilitarianism' (the rightness or wrongness of an action is to be judged by the goodness or badness of the consequences of a rule that everyone should perform the action in like circumstances).

Generally, discussions of utilitarianism concern themselves with 'act utilitarianism', though legal theorists often appeal to 'ideal rule utilitarianism' which provides that the rightness or wrongness of an action is to be judged by the goodness or badness of a rule which, *if observed*, would have better consequences than any other rule governing the same action. This form of rule utilitarianism has clear advantages in circumstances where a judge is called upon to decide whether the plaintiff should be awarded damages against the defendant. He must obviously disregard the result of his judgment on the particular defendant.

Modern utilitarians tend to regard Bentham's version of hedonistic act utilitarianism as rather quaint. Nor is there a great deal of contemporary sympathy for John Stuart Mill's form of utilitarianism that distinguishes between higher and lower pleasures – implying that pleasure is a necessary condition for goodness, but that goodness depends on qualities of experience other than pleasantness and unpleasantness. This may be because both Bentham and Mill appear to substitute their own preferences for the preferences they believe people *ought* to have.

Contemporary utilitarians therefore talk of maximizing the extent

Evaluating the consequences of our actions

I am stranded on a desert island with no one but a dying man who, in his final hours, entrusts me with $10,000 which he asks me to give to his daughter, Rita, if I ever manage to return to the United States. I promise to do so, and, after my rescue, I find Rita living in a mansion; she has married a millionaire. The $10,000 will now make little difference to her financial situation. Should I not instead donate the money to charity? As a utilitarian, I consider the possible *consequences* of my action. But what *are* the consequences? I must weigh the result of my broken promise against the benefit of giving the $10,000 to an animal welfare charity. Would keeping my promise have better consequences than breaking it? If I break my promise, I may be less likely to keep other promises I have made, and others may be encouraged to take their own promise-keeping less seriously. I must, in other words, attempt to calculate *all* the likely consequences of my choice. But a non-consequentialist Kantian might argue that the reason why I should give the money to Rita is that I have *promised* to do so. My action ought to be guided not by some uncertain *future* consequence, but by an unequivocal *past* fact: my promise. My reply might be that I *do* consider the past fact of my promise – but only to the extent that it affects the *total consequences* of my action of giving the money to the charity instead of to Rita. I might also say that it is absurd to argue that I am obliged to keep *every* promise I make.

to which people may achieve what they *want*; we should seek to satisfy people's *preferences*. This has the merit of not imposing any conception of 'the good' which leaves out of account individual choice: you may prefer football to Foucault, or Motown to Mozart. But this approach is afflicted with its own problems; see below.

Utilitarianism has the considerable attraction of replacing moral intuition with the congenially down-to-earth idea of human happiness as a measure of justice. But the theory has long encountered resistance from those who argue that it fails to recognize the 'separateness of persons'. They claim that utilitarianism, at least in its pure form, regards human beings as means rather than ends in themselves. Separate individuals, it is contended, are important to utilitarians only in so far as they are 'the channels or locations where what is of value is to be found'.

Secondly, opponents of utilitarianism claim that, though the approach treats individual persons equally, it does so only by effectively regarding them as having no worth: their value is not as persons, but as 'experiencers' of pleasure or happiness. Thirdly, critics query why we should regard as a valuable moral goal the mere increase in the sum of pleasure or happiness abstracted from all questions of the *distribution* of happiness, welfare, and so on.

A fourth kind of attack alleges that the analogy used by utilitarians, of a rational single individual prudently sacrificing present happiness for later satisfaction, is false for it treats my pleasure as replaceable by the greater pleasure of others. Some have attacked the assumption at the very heart of utilitarianism: why should we seek to satisfy people's desires? Certain desires – e.g. cruelty to animals – are unworthy of satisfaction. And are our needs and desires not, in any event, subject to manipulation by advertising? If so, can we detach our 'real' preferences from our 'conditioned' ones? Is it then acceptable for utilitarians to seek to persuade individuals to prefer Dworkin to Doo Wop? If so, how do we justify doing this? If we answer that the principle of utility requires us to do it, are we not suggesting that the felicific calculus includes not only what we want, but also what we may one day decide we want as a result of persuasion or re-education?

A different point is made by John Rawls who argues that utilitarianism defines what is right in terms of what is 'good'. This means that the theory starts with a conception of what is 'good' (e.g. happiness) and then concludes that an action is *right* in so far as it maximizes that 'good'.

Should we, in any event, seek to maximize welfare? Some consider it more important that welfare be justly distributed. Another target of critics is the intractable problem of calculating the consequences of one's actions: how can we know in advance what results will follow from what we propose to do. And how far into the future do – or can – we extend the consequences of our actions?

There are obvious difficulties in attempting to weigh my pleasure against your pain. Similarly, on a larger scale, judges or legislators will rarely find it easy to choose between two or more courses of action, and sensibly balance the majority's happiness against a minority's misery.

The economic analysis of law

Like utilitarianism, those who champion an economic analysis of law believe that our rational everyday choices ought to form the basis of what is just in society. Each of us, it is argued, seeks to maximize our satisfactions – and if it means paying for something that will achieve this objective, we are generally willing to do so. In other words, if I want a Ferrari badly enough, I will be prepared to find the money to buy one.

The leader of this latter-day form of economic hedonism is the jurist and judge Richard Posner (b. 1939). Although he denies that he espouses a utilitarian position, Posner maintains that a good deal of the common law can be explained as if judges were seeking to maximize economic welfare. In other words, many legal doctrines are based, often unconsciously, on judicial attempts to find the most efficient outcome. Judges, Posner claims, frequently decide hard cases by choosing an outcome which will maximize the wealth of society. By 'wealth maximization' Posner means a state of affairs in which goods and other resources are in the hands of those people who value them most; that is to say, those who are willing and able to *pay* more to have them.

To take a simple example, suppose you buy my copy of this book for $5. The highest price you were willing to pay was $10. Your wealth has therefore been increased by $5. Similarly, Posner argues, society maximizes its wealth when all its resources are distributed in such a way that the sum of everyone's transactions is as high as possible. This is, he claims, is exactly as it should be.

Economic factors, Posner and his so-called Chicago School claim, explain several doctrinal developments of the law. For instance, in the law of negligence, liability generally depends on what is most efficient economically. The common law method is to allocate responsibilities between those engaged in interacting activities so as to maximize the joint value, or, what amounts to the same thing, minimize the joint cost of the activities. This is achieved by redefining a property right, or by devising a new rule of liability, or by recognizing a contract right. And Posner analyses several aspects of the common law in this manner.

Reading Posner's prodigious writing does require a fair degree of familiarity with economic theory. In particular, he deploys various concepts of efficiency, especially that of Pareto optimality, and the Kaldor-Hicks test. The former (named after the Italian economist Vilfredo Pareto) describes a situation which cannot be altered without making at least one person worse off than he was prior to the change. A change is said to be Kaldor-Hicks efficient when the increase in value to those who gain exceeds the losses to those who lose. Both are measured in terms of readiness to pay. He applies also the concept of 'diminishing marginal utility' which refers to the fact that $1 given to an impoverished beggar would have a major effect on his wealth, whereas to a millionaire $1 would make almost no difference at all.

The celebrated Coase theorem (named after the economist Ronald Coase) postulates a situation in which one outcome is the most 'efficient'. See, for example, the circumstances illustrated in the box on page 68.

Real life may, however, be more complex than this simple example suggests. Certain costs would inevitably be incurred in this process. The straightforward version of the Coase theorem may thus be stated as follows: where there are zero transaction costs, the efficient outcome will occur regardless of the choice of legal rule.

What has any of the above to do with justice? It presumes an initial distribution of wealth which may be wholly unjust. 'Efficiency' is an instrument by which to maintain existing inequalities. In other words, is the economic analysis of law little more than a particular ideological predilection that fortifies the capitalist, free-market system?

More fundamentally perhaps, can wealth maximization plausibly be equated with justice? It is doubtful whether wealth maximization is a value – in itself or instrumentally – that a society would consider worth trading off against justice. Many would doubt whether increasing social wealth would really improve society, or suggest that our desires are more complex than Posner claims.

Justice as fairness

A Theory of Justice by John Rawls (1921–2002) is widely regarded as a *tour de force*. It expounds the concept of justice as fairness, and has – justly – become the focal point for contemporary discussions of the subject.

The idea of justice as fairness may, at first blush, strike you as trite.

A factory emits smoke which causes damage to laundry hung outdoors by five nearby residents. In the absence of any corrective measures, each resident would suffer $75 in damages, a total of $375. The smoke damage may be prevented in one of two ways: either a smoke-screen could be installed on the factory's chimney, at a cost of $150, or each resident could be provided with an electric tumble-drier at a cost of $50 per resident. The efficient solution is obviously to install the smoke-screen since it eliminates total damage of $375 for an outlay of only $150, and it is cheaper than purchasing five electric driers for $250. Would the outcome be efficient if the right to clean air were assigned to the residents or if the right to pollute is given to the factory? In the case of the former, the factory has three choices: pollute and pay $375 in damages, install a smoke-screen for $150, or buy five tumble-driers for the residents at a total cost of $250. The factory would, naturally, install the smoke-screen: the efficient solution. If there is a right to pollute, the residents have three choices: suffer their collective damages of $375, buy five driers for $250, or buy a smoke-screen for the factory for $150. They, too, would choose to buy the smoke-screen. The efficient outcome would therefore be achieved regardless of the assignment of the legal right.

This assumption is based on the view that the residents would incur no costs in coming together in order to negotiate with the factory. Coase calls this 'zero transaction costs'.

But, in dismissing utilitarianism as a means of determining justice, Rawls rejects the very idea of inequality – even if it secures maximum welfare. Welfare, he argues, is not about benefits, but

12. John Rawls's theory of justice as fairness has exerted considerable influence on the analysis of this difficult concept.

'primary social goods' which includes self-respect. In particular, he contends that questions of justice are prior to questions of happiness. In other words, it is only when we regard a particular pleasure as just that we can judge whether it has any value. How can we know whether the gratification Tom derives from torture should be counted as having any value before we know whether the practice of torture is itself just? Put another way, utilitarianism defines what is right in terms of what is good, while Rawls considers what is right as prior to what is good.

Chapter 1 touched on the social contract theories of Hobbes, Locke, and Rousseau. Rawls's theory of justice as fairness is rooted in this enduring idea. In *A Theory of Justice*, he expresses the objective of his project as carrying the social contract to a higher level of abstraction. To do so, he argues, we are to think not that the original contract as one to enter a particular society or to set up a particular form of government, but that the principles of justice for the basic structure of society are the object of the original agreement. They are the principles that free and rational persons seeking to further their own interests would accept in an initial position of equality as defining the fundamental terms of their association. These principles regulate all further agreements; they specify the types of social cooperation and the forms of government that can be established. This manner of treating the principles of justice he calls justice as fairness.

He stresses the need to distinguish between people's genuine judgements about justice and their subjective, self-interested intuitions. The inevitable distinction between the two must be adjusted by re-examining our own judgements so that we ultimately reach a state of affairs in which our considered intuitions are in harmony with our considered principles. This is the position of 'reflective equilibrium'.

Rawls presents an imaginary picture of the people in the 'original position', shrouded in a 'veil of ignorance', debating the principles of justice. They do not know their gender, class, religion, or social position. Each person represents a social class, but they do not know whether they are intelligent or dim, strong or weak, or even the country or period in which they are living. And they have only certain elementary knowledge about the laws of science and psychology.

In this state of almost perfect ignorance, they are required unanimously to choose the general principles that will define the terms under which they will live as a society. In this process they are motivated by rational self-interest: each seeks those principles which will give him or her (but they are unaware of their gender!) the greatest opportunity of accomplishing his or her chosen conception of the good life. Stripped of their individuality, the people in the original position will select, says Rawls, a 'maximin' principle which is explained by Rawls's own gain and loss table (slightly adapted).

I am faced with a choice from a number of several possible circumstances. Suppose I choose D1, and C1 occurs. I will lose $700. But if C2 occurs, I will gain $800 and, if I am really fortunate and C3 occurs, I will gain $1,200. And the same applies in the case of both decisions D2 and D3. Gain *g* therefore depends on the individual's decision *d* and the circumstances *c*. Thus *g* is a function of *d* and *c*. Or, to express it mathematically $g = f(d, c)$.

What would I choose? The 'maximin' principle dictates that I opt for D3. In this situation the worst that can happen to me is that I gain $500, and this is clearly better than the worst for the other actions (in which I stand to lose either $800 or $700).

Exercising their choice, the people in the original position, as rational individuals, would also select principles that ensure that

Decisions	Circumstances		
	C1	C2	C3
D1	–$700	$800	$1,200
D2	–$800	$700	$1,400
D3	$500	$600	$800

the worst condition one might find oneself in, when the veil of ignorance is lifted, is the least undesirable of the available alternatives. In other words, I will select those principles which, if I happen to end up at the bottom of the social order, will be in my best interests. Similarly, Rawls argues, the people in the original position will choose the following two principles.

[1] Each person is to have an equal right to the most extensive total system of equal basic liberties compatible with a similar system of liberty for all.

[2] Social and economic inequalities are to be arranged so that they are both:
   (a) to the greatest benefit of the least advantaged, consistent with the just savings principle, and
   (b) attached to offices and positions open to all under conditions of fair equality of opportunity.

The first principle has what Rawls calls 'lexical priority' over the second. In other words, the people in the original position place liberty before equality. Why? Because of the 'maximin' strategy, described above, no one wants to risk his or her liberty when the veil of ignorance is lifted – and it is revealed that they are among the least well-off members of society!

Similarly, each will opt for clause (a) of the second principle, the so-called 'difference principle'. This ensures that the worst anyone could be is 'least advantaged' and, if they do end up as members of this group, they will benefit from this clause. It would be entirely rational to choose this principle – rather than either total equality or some form of greater inequality – because of the respective risks of being worse off or reducing the prospects of improving their lot. And, in a society that puts liberty above equality, they will be in a better position to improve their lot. Why? Because various 'social primary goods' (which Rawls defines to include rights, liberties, powers, opportunities, income, wealth, and especially self-respect) are more likely to be attained in a society that protects liberty.

Rawls argues that the people in the original position will select the difference principle because neither of its two principal competitors (the 'system of natural liberty' and the idea of 'fair equality of opportunity') offers them the prospect of prosperity should they turn out to be among the least advantaged. The former corresponds to an uncontrolled, free-market economy indifferent to wealth distribution. The people in the original position would jettison this principle, he claims, because it 'permits distributive shares to be improperly influenced by . . . factors so arbitrary from a moral point of view'. They would regard the accident of being born into an affluent family as morally irrelevant.

They would spurn the second arrangement even though it is plainly preferable to the first. While it rewards natural talent and its application, this system suffers from a similar deficiency: it attaches moral relevance to individual talent, but this is no less accidental than being the offspring of a millionaire. In neither situation, do accidents of birth have any association with desert. If they choose the difference principle, however, it guarantees that talented individuals may increase their wealth only if, in the process, they also increase the wealth of the least advantaged.

Note that Rawls's second principle includes two significant limitations to secure the interests of the least advantaged. First, he introduces the 'just savings principle' which requires the people in the original position to ask themselves how much they would be willing to save at each level of the advance of their society, on the assumption that all other generations will save at the same rate. Remember that they have no idea which stage of civilization their society has reached. Consequently they will save some of their resources for future generations. The second limitation refers to the fact that jobs should be available to all.

Rawls's project is a highly ambitious one and, while it has won enormous praise and generated a huge literature, critics have, not surprisingly, expressed reservations about several features of his theory. For example, some oppose the very idea of any patterned distribution of social goods. Others attack the 'original position' as artificial (can people really be wholly stripped of their values?) or as necessarily producing the result that Rawls postulates: why should they prefer liberty to equality?

In response to some of this criticism, Rawls published in 1993 another book, *Political Liberalism*, in which he refines and modifies a number of his original ideas. I cannot here analyse the plethora of critical debate, but an important misunderstanding is clarified in this later work. Rawls explains that 'justice as fairness' is not intended to provide a universal standard of social justice. His theory is a practical one that pertains to modern constitutional democracies. His is, in other words, a political and practical – rather than a metaphysical – conception of justice, philosophically neutral, that transcends philosophical argument.

In pursuit of what he calls an 'overlapping consensus', Rawls posits his principles of justice as the terms under which members of a pluralistic, democratic community with competing interests and values might achieve political accord. His conception of political liberalism acknowledges that this consensus may be challenged by a state's establishment of a shared moral or religious doctrine. But the community's sense of justice would prevail over the state's interpretation of the public good.

Chapter 5
Law and society

So far we have been preoccupied with normative legal theory, and its endeavours to explain the concept of law, as it were, from within. That is to say, normative legal theory concentrates on legal doctrine and the relations between rules, concepts, principles, and other constructs employed by courts and lawyers engaged in the actual practice of the law. But there is another approach to legal analysis that attempts to understand the nature of these phenomena by reference to the social conditions in which they function. This sociological approach has exercised a considerable influence, often unacknowledged, on the philosophy of law.

For example, Hart's insistence that officials accept the rule of recognition 'from the internal point of view' and his claim that there should be a 'critical reflective attitude' to certain patterns of behaviour as a common standard (see Chapter 2) echo Max Weber's concept of internal legitimation (see below).

A sociological account of law normally rests on three closely related claims: that law cannot be understood except as a 'social phenomenon', that an analysis of legal concepts provides only a partial explanation of 'law in action', and that law is merely one form of social control.

Though the genesis of sociological jurisprudence or the sociology of law may be traced back to the trail-blazing writings of Roscoe Pound and Eugen Ehrlich, this chapter focuses on the two giants of social theory—Émile Durkheim and Max Weber – whose impact on jurisprudence has been most profound. I shall also have something to say about the impact of Karl Marx on thinking about law and the legal system, as well as about two leading social theorists, Jürgen Habermas and Michel Foucault, whose writings continue to exert a considerable influence in certain quarters of contemporary legal theory.

Émile Durkheim

Among the central preoccupations of Durkheim (1859–1917) is the question of what holds societies together. Why do they not drift apart? His answer points to the crucial role of law in promoting and maintaining this social cohesion. He shows how, as society advances from religion to secularism, and from collectivism to individualism, law becomes concerned less with punishment than compensation. But punishment performs a significant role in expressing the collective moral attitudes by which social solidarity is preserved.

He distinguishes between what he calls mechanical solidarity and organic solidarity. The former exists in simple, homogeneous societies which have a uniformity of values and lack any significant division of labour. These uncomplicated communities tend to be collective in nature; there is very little individualism. In advanced societies, however, where there is division of labour, a high degree of interdependence exists. There is substantial differentiation, and collectivism is replaced by individualism. These forms of social solidarity are, he argues, reflected in the law: classify the different types of law and you will find the different types of social solidarity to which it corresponds.

Crime, according to Durkheim, is a perfectly normal aspect of social life. Moreover, he provocatively suggests, it is an integral part of all healthy societies. This is because crime is closely connected to the social values expressed in the 'collective conscience': an act becomes criminal when it offends deeply held aspects of this collective conscience. An action does not shock the common conscience because it is criminal, rather it is criminal because it shocks the common conscience.

Punishment is an essential element of his conception of crime: the state reinforces the collective conscience by punishing those who offend against the state itself. He defines punishment as 'a passionate reaction of graduated intensity that society exercises through the medium of a body acting upon those of its members who have violated certain rules of conduct'.

He shows also how punishment as a form of social control is more intense in less developed societies. As societies progress, the form of punishment becomes less violent and less harsh. But because

13. Primitive societies practised cruel punishments like burning at the stake. As societies progress, Durkheim argued, the form of punishment diminishes in its cruelty.

punishment results from crime, he identifies an important correlation between the evolution of crime and the forms of social solidarity.

Max Weber

The German sociologist Max Weber (1864–1920) trained as lawyer, and he assigns to the law a central role in his general sociological theory. Weber's classification of the types of law is founded on the different kinds of legal thought, and 'rationality' is the key. On this basis, he distinguishes between 'formal' systems and 'substantive' systems. The crux of this distinction is the extent to which the system is 'internally self-sufficient', by which he means that the rules and procedures required for decision-making are accessible *within* the system.

His second critical distinction is between 'rational' and 'irrational': these terms describe the manner in which the materials (rules, procedures) are applied in the system. Thus the highest stage of rationality is reached where there is an

> integration of all analytically derived legal propositions in such a way that they constitute a logically clear, internally consistent, and, at least in theory, gapless system of rules, under which, it is implied, all conceivable fact situations must be capable of being logically subsumed.

Two principal, and related, elements of Weber's complex theory will be considered briefly here: his concern to explain the development of capitalism in Western societies and his notion of legitimate domination.

In respect of the first problem, he attempts to show that law is affected only indirectly by economic circumstances. He conceives of law as being 'relatively autonomous', claiming that 'generally it appears . . . that the development of the legal structure has by no means been predominantly determined by economic factors'. For Weber, law is *fundamentally related to*, but not *determined by*, economic factors. Rational economic conduct ('profit-making activity' and 'budgetary management') is at the heart of the capitalist system; this rationalism is facilitated by the certainty and predictability of logically formal rational law. The presence of this type of law assists, but does not cause, the advance of capitalism.

Weber regards formally rational law as one of the preconditions of capitalism because it provides the necessary certainty and predictability that is essential if entrepreneurs are to pursue their profit-making enterprises. The achievement of this formal rationality required, in Weber's view, the systematization of the legal order, a systematization which he found remarkably absent from the English law.

How, then, could he explain the emergence of capitalism in England? This question has troubled many sociologists. Three possible explanations are offered for this apparent contradiction in Weber's work. First, it is clear that, although English law lacked the systematic order of the Roman law, it was a highly formalistic legal system. Indeed, Weber characterized such formalism (which required, for example, civil actions to follow the precise and exacting procedures of specific writs for specific civil suits) as irrational. It was this very formalism, Weber says, that produced a stabilizing influence on the legal system; and it created a greater degree of security and predictability in the economic market-place.

Secondly, the English legal profession was, during the rise of capitalism, extremely centralized in London, close to the commercial district known as the City. Moreover, lawyers customarily served as advisers to businessmen and corporations. This encouraged them to adjust the law to suit the interests of their commercial clients.

Thirdly, unlike their Continental counterparts, English lawyers resembled craft guilds in their education, training, and specialization, which produced a formalistic treatment of the law, bound by precedent. This led to what Weber calls, following Roman law, 'cautelary jurisprudence': emphasis is laid on drafting instruments and devising new clauses to prevent future litigation. This resulted in a close relationship between lawyers and their (mostly commercial) clients. In other words, this feature of legal practice compensated for the lack of systematization in the law itself.

It seems therefore that what Weber is really saying is that England developed a capitalist economic system, despite the absence of legal systematization, because other important components of the legal system engendered it, but that it may have developed even more rapidly and more efficiently if the common law had been less irrational and unsystematic.

Weber's general thesis is that the formal rationalization of law in Western societies is a result of capitalism interested in strictly formal law and legal procedure and 'the rationalism of officialdom in absolutist States [which] led to the interest in codified systems and in homogeneous law'. He is not seeking to provide an economic explanation for this phenomenon, but identifies several factors that account for the development, including, in particular, the growth of bureaucracy which established, as we saw above, the basis for the administration of a rational law conceptually systematized.

In explaining why people believe they are obliged to obey the law Weber draws his famous distinction between three types of legitimate domination: *traditional* (where 'legitimacy is claimed for it and believed in by sanctity of age-old rules and powers'), *charismatic* (based on 'devotion to the exceptional sanctity, heroism or exemplary character of an individual person'), and *legal-rational* domination (which rests on 'a belief in the legality of enacted rules and the right of those elevated to authority under such rules to issue commands'). It is, of course, this third type that is a central feature of Weber's account of law. And, though the concept of legal-rational authority is bound up with his theory of value (which argues for the sociologist of law adopting a detached view of his subject), the important link is between this form of domination and the modern bureaucratic state. Under the other forms of domination, authority resides in *persons*; under bureaucracy it is vested in *rules*. The hallmark of legal-rational authority is its so-called impartiality. But it depends upon what Weber calls the principle of 'formalistic impersonality': officials exercise their responsibilities 'without hatred or passion, and hence without affection or enthusiasm. The dominant norms are concepts of straightforward duty without regard to personal considerations.' The importance of Weber's sociology of law lies in the correlation between the various typologies. For example, in a society with legal-rational domination, the form of legal thought is logical formal rationality: justice and the judicial process are both rational, obedience is owed to the legal order, and the form of administration is bureaucratic-professional.

On the other hand, in a society dominated by a charismatic leader, legal thought is formally and substantively irrational, justice is charismatic, obedience is in response to the charismatic leader, and in a society that is genuinely dominated by a charismatic leader, there is no administration at all.

While Weber is widely regarded as the leading sociologist of law, his detractors have found numerous flaws in his analysis, particularly in respect of the two theories I have sketched above. It is claimed, for example, that his account of the process of domination is more complex than the formal, legal manifestation upon which Weber focuses. And some find his attempt to explain the rise of capitalism in England unconvincing.

Karl Marx

While Karl Marx (1818–83) and Friedrich Engels (1820–95) do not provide a comprehensive or systematic account of law, their social theory bristles with observations about the relationship between law and economics (or material conditions). But the law is accorded an inferior position to economic factors: it is merely part of the superstructure – along with various cultural and political phenomena – determined by the material conditions of each society.

Marxist accounts of law adopt one of two standpoints in respect of the relationship between base and superstructure and the position of law. The first has been dubbed 'crude materialism' for it argues that the law simply 'reflects' the economic base: the form and content of legal rules correspond to the dominant mode of production. This is generally regarded as providing a simplistic and incoherent explanation of how the law does so. The second view is known as 'class instrumentalism' because it contends that the law is a direct expression of the will of the dominant class. Its implausibility resides in the claim that the dominant class actually has a cohesive 'will' of which it is conscious.

Marx's theory is fundamentally historicist. That is to say social evolution is explained in terms of inexorable historical forces. Substituting Hegel's dialectical theory of history, Marx and Engels expounded the celebrated concept of 'dialectical materialism'. It is 'materialist' because it claims that the means of production are materially determined; it is 'dialectical', in part, because they predict an inevitable conflict between those two hostile classes, leading to a revolution, as the bourgeois mode of production, based on individual ownership and unplanned competition, stands in contradiction to the increasingly non-individualistic, social character of labour production in the factory. The proletariat, they claim, would seize the means of production and establish a 'dictatorship of the proletariat', to be replaced eventually by a classless, communist society in which law would ultimately be unnecessary.

The law plays an important ideological role. Individuals develop a consciousness of their predicament. Marx famously declared: 'It is not the consciousness of men that determines their being, but, on the contrary, their social being that determines their consciousness.' In other words, our ideas are not arbitrary or fortuitous, they are a result of economic conditions. We absorb our knowledge from our social experience of productive relations. This provides, in part, an explanation of the way in which the law maintains the social order that – as a matter of the 'natural order of things' rather than as a corporately willed desire – represents the interests of the dominant class.

This 'dominant ideology' is tacitly assumed to be the natural order of things through a variety of social institutions. They establish an 'ideological hegemony' which ensures that – educationally, culturally, politically, and legally – this dominant set of values prevails. This explanation first appears in the prison writings of the Italian Marxist Antonio Gramsci and is developed to a high level of sophistication by the French Marxist Louis Althusser.

The Marxist materialist account of law, however, runs into difficulties when governments enact reformist legislation that improves the lot of the working class. How can these laws represent the dominant ideology or interests? One answer given by Marxists is to describe the state as 'relatively autonomous'. It maintains that the capitalist state is not entirely free to act as it pleases in the interests of the ruling class, but is constrained by certain social forces. But it will not permit any fundamental challenge to the capitalist mode of production; it is, at bottom, what Marx and Engels called 'a committee for managing the common affairs of the whole bourgeoisie'.

Since the law is a vehicle of class oppression, it is unnecessary in a classless society. This is the essence of the argument first implied by Marx in his early writings, and reaffirmed by Lenin. In its more sophisticated version, the thesis claims that, following the

14. Marx and Engels, though they do not offer a comprehensive account of law, provide an analysis of the relationship between law and economics that has proved both influential and enduring.

proletarian revolution, the bourgeois state would be swept aside and replaced by the dictatorship of the proletariat. Society, after reactionary resistance has been overcome, would have no further need for law or state: they would 'wither away'.

One problem with this prognosis is its rather bland equation of law with the coercive suppression of the proletariat. It neglects the facts that a considerable body of law serves other functions and that, even (or especially) a communist society requires laws to plan and regulate the economy. To assert that these are not 'law' is to induce scepticism.

It is important to note that in Marxist legal theory the law is not regarded as anything special. At the core of historical materialism is the proposition that law is 'the result of one particular kind of society' rather than that society is the result of the law. 'Legal fetishism' is the condition, in Balbus's words, where 'individuals affirm that they owe their existence to the Law, rather than the reverse'. Just as there is a form of commodity fetishism, there is a form of legal fetishism which obscures from legal subjects the origins of the legal system's powers and creates the impression that the legal system has a life of its own. Many Marxists spurn the legal fetishism which regards law as a distinct, special, or identifiable phenomenon with its own unique and autonomous form of reasoning and thought.

Equally, they reject not only the concept of justice which, in Marxist terms, is largely dependent upon material conditions, but also the ideal of the rule of law – the notion of law as a neutral body of rules safeguarding freedom. To champion the rule of law would be to accept the image of law as a dispassionate arbiter which is above political conflict and remote from the domination of particular groups or classes. Marxists repudiate this 'consensus' model of society.

The choice between a 'consensus' and 'conflict' model of society is important to our conception of society. Most theories of law, as we have seen, implicitly adopt a consensus view that perceives society as essentially unitary: the legislature represents the common will, the executive acts in the common interest, and the law is a neutral referee that is administered 'without fear or favour' for the common good. There are no fundamental conflicts of values or interests. Any conflicts that arise do so at the personal level: Victoria sues David for damages for breach of contract, and so on.

At the other end of the spectrum is the 'conflict' model which sees society divided between two opposing camps: those who have property and power and those who do not. Conflict is inevitable. The situation of individuals is defined by the very structure of the society: they exist as components of one or other of the two sides. Law in this representation, far from being a neutral referee, is actually the means by which the dominant group maintains its control.

What about human rights? Their ever-increasing significance is clear from Chapter 4. Socialists generally find the very idea of individual rights (and their connotations of selfishness and egoism) incompatible with the communitarian philosophy of Marxism. They therefore explicitly reject the concept and language of rights – except perhaps when their use advances short-term tactical objectives. Their argument is that social change does not occur as a consequence of our moralizing about rights.

Yet in his early writings, Marx maintained that political revolution would end the separation between civil society and the state. Only democratic participation would terminate the alienation of the people from the state. His own vision of socialist rights, or rights under socialism, seems therefore to spring from his denunciation of the distinctive characteristics of a capitalist society: the exploitation and alienation it creates.

Marx distinguishes between 'rights of citizens' and 'rights of man'. The former are political rights exercised in common with others and entail involvement in the community. The latter, on the other hand, are private rights exercised in isolation from others and involve withdrawal from the community. 'Not one of the so-called rights of man', he declares, 'goes beyond egoistic man . . . an individual withdrawn into himself, his private interests and his private desires'. And, most tellingly, he adds: 'The practical application of the right of man to freedom is the right of man to private property'.

It has been suggested that Marx should not be taken to mean here that these 'rights of man' (equality before the law, security, property, liberty) are not important; but rather that the very concept of such rights is endemic to a society based on capitalist relations of production. This is an awkward contention to sustain, for Marx sought to show that these rights had no independent significance.

Marxists frequently maintain that capitalism is destructive of genuine individual liberty. Private property, according to Marx, represents the dominance of the material world over the human element, while communism represents the triumph of the human element over the material world. He employed the concept of 'reification' to describe the process under which social relations assume the form of relations between things. In a capitalist society, he saw this reification as the result of the alienation of workers from the product of their work: the 'general social form of labour appears as the property of a thing'; it is reified through the 'fetishism of commodities'. Capitalist relations appear to protect individual freedom, but equality before the law is merely a formal property of exchange relations between private property owners:

Revolutionary Marxists reject individual rights mainly because they are an expression of a capitalist economy and will not be required in a classless, socialist society. This rejection rests on four objections to rights:

Their legalism. Rights subject human behaviour to the governance of rules.

Their coerciveness. Law is a coercive device. Rights are tainted for they protect the interests of capital.

Their individualism. They protect self-interested atomized individuals.

Their moralism. They are essentially moral and utopian, and hence irrelevant to the economic base.

But some Marxists regard the view that rights are necessarily individualistic as too crude. The Marxist historian, E. P. Thompson (1924–93), repudiates both the Marxist dismissal of all law as merely an instrument of class rule, and the conception of civil liberties as no more than an illusion which obscures the realities of class rule. He argues that law is not simply an instrument of class domination, but also a 'form of mediation' between and within the classes. Its function is not only to serve power and wealth, but also to impose 'effective inhibitions upon power' and to subject 'the ruling class to its own rules':

> [T]he rule of law itself, the imposing of effective inhibitions upon power and the defence of the citizen from power's all-intrusive claims, seems to me to be an unqualified human good. To deny or belittle this good is, in this dangerous century when the resources and pretensions of power continue to enlarge, a desperate error of intellectual abstraction. More than this, it is a self-fulfilling error, which encourages us to give up the struggle against bad laws and class-bound procedures, and to disarm ourselves before power. It is to throw away a whole inheritance of struggle *about* law, and within the forms of law, whose continuity can never be fractured without bringing men and women into immediate danger.

Several Marxist writers have, not surprisingly, condemned this wholesale acceptance of the rule of law. Some have argued that to champion restraints on authoritarian rule does not commit Marxists to a comprehensive exaltation of the rule of law.

The collapse of the Soviet Union and its satellite states of Eastern Europe, along with the eclipse of socialism in other areas, has gravely wounded both Marxist legal theory and practice.

Jürgen Habermas

One of the foremost contemporary German intellectuals, Jürgen Habermas (b. 1929) is widely revered for the originality of his philosophy and his perceptive social criticism, though he is not easy reading. Among his numerous insights, which integrate subtle cultural, political, and economic analysis, is his view that despite the inexorable march of 'instrumental-technocratic consciousness', and the domination of the 'lifeworld' it brings in its wake, the capitalist state also presents opportunities for greater 'communicative action'.

The combined effect of capitalism and a strong, centralized authority results, he argues, in the 'lifeworld' – the sphere of common norms and identities – being intruded upon. This generates atomization and alienation (shades of Marx). Because the 'lifeworld' is established by processes whose existence depends on communication and social solidarity, this intrusion undermines the 'lifeworld' itself, and reduces the prospects for collective self-determination. He nevertheless recognizes the prospects for rational communicative discourse in respect of facts, values, and inner experience.

What does this have to do with the law? The answer is complex. Given that his concept of 'communicative reason' is based on the principles of freedom and equality, it would not be unreasonable to expect Habermas to embrace some form of liberalism. In doing so, he distinguishes between 'law as medium' and 'law as institution'. The former describes law as a body of formal, general rules that control the state and the economy. The latter inhabits the 'lifeworld' and hence expresses its shared values and norms in institutional form, for example, those parts of the criminal law that touch on morality. Unlike 'law as medium', 'law as institution' requires legitimation. In fact, argues Habermas, in our pluralistic, fragmented society, these institutions are a potent basis of normative integration.

The legitimacy of the law, he contends, depends significantly on the effectiveness of the process of discourse by which the law is made. Consequently freedom of speech and other fundamental democratic rights are central to his theory of 'communicative action'.

Habermas has provoked a gargantuan literature. He has been criticized, for example, for the disproportionate confidence he places in the law as a vehicle for accomplishing social integration. And some commentators find his suggestion that only those legal norms are valid to which all persons affected have assented as participants in rational discourse somewhat fanciful; he appears to be advocating a form of Athenian democracy!

Michel Foucault

The recondite ideas of influential French thinker Michel Foucault (1926–84) touch, directly and indirectly, on the role of law in society. In particular, his unconventional philosophy, or what, in his later work, he prefers to call 'genealogy', attempts to reveal the nature and function of power. It is, he argues, distinct from either physical force or legal regulation. Nor is it hostile to freedom or truth. Instead, he demonstrates how, beginning in the 18th century, the human body was subjected to a new 'microphysics' of power through the geography of institutions such as factories, hospitals, schools, and prisons.

Discipline consists of four 'practices', each of which engenders consequences on those who are subjected to it. This control creates in those who are its subjects an 'individuality' that contains four characteristics: 'cellular' (by the 'play of spatial distribution'), 'organic' (by the 'coding' of activities), 'genetic' (by the accumulation of time), and 'combinatory' (by the 'composition of forces'). And discipline 'operates four great techniques': it draws up tables, it prescribes movements, it imposes exercises, and it arranges 'tactics' in order to obtain the combination of forces. He concludes:

> Tactics, the art of constructing, with located bodies, coded activities and trained aptitudes, mechanisms in which the product of the various forces is increased by the calculated combination are no doubt the highest form of disciplinary practice.

The application of these methods renders the social order more controllable. Disciplinary power, additionally, induces us to act in ways that we come to think of as natural. We are therefore manipulated and managed by these 'technologies': we become 'docile bodies' – and, as a result, capitalism is able to advance and thrive.

His analysis of power leads him to query liberal ideas, and their preoccupation with centralized state power. Indeed, he regards it as a means by which liberalism actually furthers the very domination it seeks to reduce.

Foucault's universe is one in which disciplinary power pervades almost every element of social life, thus the law has no special claim to primacy. Regulatory government directs policy towards controlling an assortment of threats to the maintenance of social order. The law has thus become 'sociologized'. Formal equality is a smokescreen behind which lies the power that characterizes the postmodern state.

Despite the impenetrability of much of his unsettling work, Foucault's inventive approach to the practice of disciplinary power illuminates the darker reaches of social control by shifting attention away from the institutional operation of the law towards its effect on each of us as individuals.

Chapter 6
Critical legal theory

Many of the theories outlined in the previous five chapters are greeted with scepticism by those who adhere to what, in the broadest sense, may be called critical legal theory. This wing of legal theory generally spurns many of the enterprises that have long been assumed to be at the heart of jurisprudence. And it repudiates what is taken to be the natural order of things, be it patriarchy (in the case of feminist jurisprudence), the conception of 'race' (critical race theory), the free market (critical legal studies), or 'metanarratives' (postmodernism). Each of these spheres of critical thought are briefly examined in this chapter.

The primary purpose of critical legal theory, it is reasonable to assert, is to contest the universal rational foundation of law which, it maintains, clothes the law and legal system with a spurious legitimacy. Nor does critical legal theory accept law as a distinctive and discrete discipline. This view, it alleges, portrays the concept of law as autonomous and determinate – independent from politics and morality – which it can never be.

The myth of determinacy is a significant component of the critical assault on law. Far from being a determinate, coherent body of rules and doctrine, the law is depicted as uncertain, ambiguous, and unstable. And instead of expressing rationality, the law reproduces political and economic power. In addition, as many of the adherents of critical legal studies (CLS) claim, the law is neither neutral nor objective. To achieve neutrality, the law employs several fictions or illusions. Most conspicuously, it vaunts the liberal ideal of equality under the rule of law. But this, in the view of CLS, is a myth. Social justice is a hollow promise.

Critical legal studies

CLS emerged in the 1970s in the United States as a broadly leftist critique of orthodox legal doctrines. Originally, it had three distinctive features. First, it was situated within legal, as opposed to political science or sociological scholarship. Secondly, it sought to tackle the injustices it identified in legal doctrine. Thirdly, it adopted an interdisciplinary approach, drawing on politics, philosophy, literary criticism, psychoanalysis, linguistics, and semiotics to expound its critique of law.

The movement generated mountainous waves, not only in American law schools, but in their counterparts in Britain, Canada, Australia, and elsewhere. Yet, despite its contemporary chic, CLS is often characterized as a latter-day version of the American realist movement of the 1920s and 1930s. American realism was the name given to a progressive coalition of lawyers, judges, and scholars that rejected the formalism of Austin, Bentham, Mill, and Hume, and presented a more sociological account of the 'law in action'. They eschewed what they considered to be the ponderous metaphysics that preoccupied legal theory, and its fixation with the meaning of concepts such as commands, rules, norms, or any other construct that had no foundation in what they regarded as 'reality'.

American realism was absorbed in empirical questions, especially those that attempt to discern the sociological and psychological factors that influence judicial decision-making. Notwithstanding this pragmatic approach, they were inherently legal positivists. Thus, while they did not wholly spurn the notion that courts may be constrained by rules, the realists contended that judges exercise discretion much more frequently than is generally believed. They denied, of course, the natural law and positivist view that judges are swayed mainly by legal rules, but for the realists the key factors determining the outcome of a case were the political and moral intuitions relating to its facts.

Father of the movement, Oliver Wendell Holmes (1841–1935), famously declared that the common law 'is not a brooding omnipresence in the sky, but the articulate voice of some sovereign or quasi sovereign that can be identified'. Holmes, as a Supreme Court Judge, not surprisingly, believed that the law should be defined by reference to what the courts actually said it was. This is particularly apparent from his celebrated address, 'The Path of the Law', which he delivered to law students in 1897. He advised them to distinguish clearly between law and morality: consider what the law is, not what it ought to be.

Look at the law, he argues, from the position of the 'bad man': 'If you want to know the law and nothing else,' he asserted, 'you must look at it as a bad man, who cares only for the material consequences which such knowledge enables him to predict.' Holmes also thought that legal developments could be scientifically justified. The 'true science of law', he maintained, 'consists in the establishment of its postulates from within upon accurately measured social desires instead of tradition'.

Karl Llewellyn (1893–1962) adopted a so-called functionalist approach to the law that perceives it as serving certain fundamental *functions*, what he calls 'law-jobs'. He reasoned that law should be regarded as an engine 'having purposes, not values in itself'. If society is to endure, certain essential requirements must be satisfied; this produces conflict which must be resolved. The central idea of this functionalist account of law is the 'institution' of law which performs various jobs. An institution is, he says, an organized activity built around the doing of a job or cluster of jobs. And the most important job the law has is the disposition of trouble cases.

It is true that both American realism and CLS share a sceptical, anti-formalist view, but CLS cannot properly be regarded as a 'new realism'. Though both movements seek to demystify the law, and to expose its operation as law 'in action', CLS does not engage in the pragmatic or empirical concerns that preoccupied the realists. Instead, its adherents regard the law as 'problematic' in the sense that it reproduces the oppressive nature of society. Moreover, unlike the American realists who accepted the division between legal reasoning and politics, CLS regards it as axiomatic that, in effect, law *is* politics; and legal reasoning is no different from other forms of reasoning. In addition, although the realists sought to distinguish between legal rules and their actual operation in society, they generally embraced the neutrality of law and the ideology of liberalism. CLS denies both.

Indeed, applying Marxist and Freudian ideas, CLS detects in the law a form of 'hegemonic consciousness', a term borrowed from the writings of the Italian Marxist, Antonio Gramsci, who observed that social order is maintained by a system of beliefs which are accepted as 'common sense' and part of the natural order – even by those who are actually subordinated to it. In other words, these ideas are treated as eternal and necessary whereas they really reflect only the transitory, arbitrary interests of the dominant elite.

And they are 'reified', a term used by Marx and refined by the Hungarian Marxist, György Lukács, to refer to the manner in which ideas become material things, and are portrayed as essential, necessary, and objective when, in fact, they are contingent, arbitrary, and subjective. Moreover, legal thought is, following Freud, a form of 'denial': it affords a way of coping with contradictions that are too painful for us to hold in our conscious mind. It therefore denies the contradiction between the promise, on the one hand of, say, equality and freedom, and the reality of oppression and hierarchy, on the other.

The Brazilian social theorist, Roberto Unger (b. 1947) is an important source of CLS ideas. The representation of society, he contends, is infused with the following four beliefs. First, that law is a 'system', and as a body of 'doctrine', properly interpreted, it supplies the answer to all questions about social behaviour. Secondly, that a special form of legal reasoning exists by which answers may be found from doctrine. Thirdly, that this doctrine reflects a coherent view about the relations between persons and the nature of society. And, fourthly, that social action reflects norms generated by the legal system, either because people internalize these norms or actual coercion compels them to do so.

CLS challenges each of these assumptions. First, it denies that law is a system or is able to resolve every conceivable problem. This is described as the principle of *indeterminacy*. Secondly, it rejects the view that there is an autonomous and neutral mode of legal reasoning. This is described as the principle of *anti-formalism*. Thirdly, it contests the view that doctrine encapsulates a single, coherent view of human relations; instead CLS maintains that doctrine represents several different, often opposing points of view, none of which is sufficiently coherent or pervasive to be called dominant. This is described as the principle of *contradiction*. Finally, it doubts that, even where there is consensus, there is reason to regard the law as a decisive factor in social behaviour. This is described as the principle of *marginality*.

If law is indeterminate, legal scholarship defining what the law is becomes merely a form of advocacy. If there is no distinct form of legal reasoning, such scholarship is reduced to political debate. If legal doctrine is essentially contradictory, legal argument cannot rely on it, if it is not to result in a draw. And if law is marginal, social life must be controlled by norms exterior to the law.

Some of the more radical ideas of CLS are difficult to take seriously. The suggestion, for example, that to counter the hierarchy endemic to law schools, all its employees – from professors to janitors – be paid the same salary has not been enthusiastically endorsed, at least by the former group. There is no question, however, that CLS has played a significant role in illuminating the fissure between rhetoric and reality. Yet the possibilities of transforming the law seem frequently to be diluted by the destructive, even nihilistic, tendencies of some of the more dogmatic adherents of CLS. Many of its ideas are still influential in the legal academy, though they have been absorbed, adapted, and refined by the theories that occupy the remainder of this chapter.

Postmodern legal theory

'I define *postmodern* as incredulity toward metanarratives.' Thus spake Jean-François Lyotard (1924–98) in his influential book, *The Postmodern Condition: A Report on Knowledge*. The promise of truth or justice held out by the grand 'metanarratives' of Kant, Hegel, Marx, and others has, in our age, been betrayed. Universal values, 'master narratives', are regarded by postmodernists like Lyotard as superfluous, if not meaningless. The great historical epochs, developments, and ideas, especially those associated with the Enlightenment – and the Enlightenment itself – are treated with profound suspicion. The conventional assumption that human 'progress' is 'evolving' toward 'civilization' or some other end is rejected by postmodernists who seek interpretation and understanding in the personal experience of individuals.

This attack on the Enlightenment includes a dismissal of the Kantian concern with individual rights, equality, and justice characteristic of modernism. But the target is even larger, for the espousal of these values is not confined to those who champion the idea of natural rights (see Chapter 1). They are adopted by a good deal of post-Enlightenment legal theory, including positivism (see Chapter 2). Drawing on elements of 'cultural theory', and the writings of Michel Foucault (see Chapter 5), Jacques Derrida, Jacques Lacan (see below), and other – principally French and German – theorists, postmodernism may also be understood as an attempt to invalidate, or at least to contest, the methods, assumptions, and ideas of the analytical Anglo-American philosophical tradition.

Postmodernist accounts of society, and the role of law within it, disclose a disillusionment with formalism, essentialism, statism, utopianism, and even democracy. Nor does the scepticism end here. Critical theory, whether aesthetic or ethical, seeks to subvert 'foundational' ideas of truth. It expresses an impatience with the modern state's bureaucratic suffocation of the individual, the overarching presence of the state, the increasing globalization of markets, and universalizing of values.

It has also (perhaps inevitably) witnessed a new pragmatism. A down-to-earth set of goals – economic, ecological, political – is accompanied by the advocacy of a more inclusive community that emphasizes the special predicament of women, minorities, the dispossessed, and the poor. A popular expression (to be found also among CLS and feminist theorists) is 'empowerment'. But the radical postmodern political agenda is a complex one which may generate confusion or what has been called a 'multiplication of ideologies'.

Both the 'subject' and the 'object' are regarded as fantasies. And the postmodern concern with the 'subject' generates, especially in the context of the law, some fascinating accounts of the individual as moral agent, as rights-bearer, or simply as player in the legal system. Several are explicitly psychological or linguistic, with the structural psychoanalytical theories of Lacan and the poststructuralist ideas of Derrida exerting considerable influence, though, as will be suggested below, they have little utility in our quest to comprehend the nature of law.

Jacques Lacan

The French psychoanalyst, Jacques Lacan (1901–81) is frequently described as the architect of postmodern psychoanalytic semiotics.

Drawing on the ideas of Freud, Saussure, and Lévi-Strauss, he argues that the unconscious is structured like a language; it is therefore crucial to identify the inner workings of that discourse that takes place within the unconscious – the repository of knowledge, power, agency, and desire. We do not control what we say; rather the structure of language is predetermined by thought and desire. He employs a psychoanalytical, Freudian conception of the divided human subject – ego, superego, and the unconscious – to demonstrate that the 'I' expressed by language (which he calls the 'subject of the statement') can never represent an individual's 'true' identity (which he calls the 'subject of enunciation').

In the first eighteen months of our lives we experience this disjunction between identity and its representation, and thereafter it is forever lost. We construct a semblance of individual and social stability only by fantasy, which cannot be sustained. The subject is thus divided or decentred. The language of the unconscious is the arbiter of all experience, knowing, and living. The idea of justice becomes, in Lacanian terms, a fantasy that camouflages the unattainable desire of a harmonious community.

Jacques Derrida

The controversial French philosopher Jacques Derrida (1930–2004) is closely associated with the concept of deconstruction. He employs the term – which he borrowed from the German philosopher, Martin Heidegger – to explicate the notion of *différance*. This neologism describes the state of interdependence and difference between hierarchical oppositions. 'Difference' is based on the French word *différer*, which means both to differ and to defer. He replaces an 'e' with the 'a' in *différance*. The words are indistinguishable in spoken French.

Based on the semiotics of the Swiss linguist, Ferdinand de Saussure, Derrida draws a distinction between 'signifiers' and 'signified'. Saussure distinguished between *langue*, the deep structure of linguistic rules, and *parole*, the set of speech acts made by members of a linguistic community. The former is, in the understanding of language, the more important element because it is the system of relations among various signs that constitutes a language. So, for example, the word 'dog' does not correspond to the creature we know and love. But we understand it by virtue of its difference from similar sounds such as 'bog', 'cog', or fog'. Derrida postulates that, since the meaning of 'dog' emerges from this contest of differences between signifiers, its meaning – like the meaning of all signifiers – is infinitely deferred. He concludes that stability can be achieved only by 'deconstructing' language in order to show how the meaning of one signifier includes within it another signifier (the 'other').

Derrida's undertaking is ambitious: to expose the 'metaphysics of presence' in Western philosophy. By this he means that, in every set of oppositions, one kind of 'presence' is privileged over a corresponding kind of 'absence'. Western philosophy, he argues, is based on the hidden premise that what is most apparent to our consciousness – what is obvious or immediate – is most real, foundational, or important.

Derrida's disquieting deduction is that, since language emerges from this unstable structure of differences, it will always be indeterminate. The prospect of establishing the subject of identity – and hence of an individual right-holder – is consequently poor.

Though postmodern legal theory has garnered a sizeable following, one is bound to question whether it greatly assists our understanding of law. How, for example, can deconstruction provide a constructive insight into the concept of law? Since, as we have seen, the legitimacy of the law lies in some conception of justice, and the language of the law is unavoidably normative, it is hard to see how Lacanian psychoanalysis or Derrida's deconstruction advance our comprehension of legal ideas.

Feminist legal theory

Traditional jurisprudence conspicuously overlooked the position of women. Feminist legal theory has been remarkably successful in remedying this neglect. It has had a considerable impact, not only on university law curricula, but on the law itself, for feminist jurisprudence extends well beyond the purely academic to comprehensive analysis of the many inequalities to be found in the criminal law, especially rape and domestic violence, family law, contract, tort, property, and other branches of the substantive law, including aspects of public law.

In recent years, for example, both English and American courts have abandoned the common law principle that a husband cannot be prosecuted for raping his wife, despite her refusal to consent to sexual intercourse. The wife was deemed by the fact of marriage to have consented. While the judges make no explicit reference to feminist jurisprudence, its influence may well have played a part in these decisions.

Not surprisingly, in view of its unease about the injustices experienced by women, feminist writing is often overtly polemical. 'The personal is political' was the compelling slogan adopted by early feminists. It represented in part a denunciation of the professed radicalism of social movements that failed to address the routine subjugation of women at home or at work.

Nor, of course, do feminists speak with a single voice. There are at least five major strands of legal feminism. What follows is an outline of their diverse perspectives, as well as a summary of the achievements of the feminist movement in theory and practice.

Liberal feminism

Liberalism prizes individual rights, both civil and political. Liberals assert the need for a large realm of personal freedom, including freedom of speech, conscience, association, and sexuality, immune to state regulation, save to protect others from harm. Liberal feminism perceives individuals as autonomous, rights-bearing agents, and stresses the values of equality, rationality, and autonomy. Since men and women are equally rational, it is argued, they ought to have the same opportunities to exercise rational choices. (This emphasis on equality, as we shall see, is stigmatized by radical feminists as mistaken, because asserting women's similarity to men assimilates women into the male domain, thereby making women into men.)

The majority of liberal feminists, while conceding that the legal and political system is patriarchal, refuse to accept the blanket assault that is a significant, though not universal, item on the radical agenda. The liberal battleground is the existing institutional framework of discrimination, particularly in the domain of employment.

Liberal feminism accentuates equality, while radical feminism is concerned with difference. Among the most critical anxieties of liberal feminists is the border between the private and the public domain. This is largely because women tend to be excluded from the public sphere where political equality is realized. Likewise, the private domain of the home and office is the site of the subordination and exploitation of women. Crimes of domestic violence normally occur within the home into which the law is often reluctant to intrude. Liberalism may itself therefore be implicated in the subjugation of women, according to radical feminists.

Radical feminism

Leading radical feminist Catharine MacKinnon (b. 1946) contests the idea that, since men have defined women as different, women can ever achieve equality. Given that men dominate women, she argues that the question is ultimately one of power. The law is effectively a masculine edifice that cannot be altered merely by admitting women through its doors or including female values within its rules or procedures. Nor, the radical position contends, is reforming the law likely to assist since, in view of the masculinity of law, it will simply produce male oriented results and reproduce male dominated relations. In the words of MacKinnon: 'Abstract rights . . . authorize the male experience of the world.'

Radical feminism rejects what it regards as the liberal illusion of the neutrality of the law. It seeks to expose the reality behind the mask so that women will recognize the need to change the patriarchal system which subjugates them.

The differences – or dualisms – between the genders, according to Frances Olsen, are 'sexualized'. Masculine characteristics are considered superior.

MALE	FEMALE
Rational	Irrational
Active	Passive
Thought	Feeling
Reason	Emotion
Culture	Nature
Power	Sensitivity
Objective	Subjective
Abstract	Contextualised

(Adapted from Frances Olsen, 'Feminism and Critical Legal Theory: An American Perspective' (1990) 18 *International Journal of the Sociology of Law* 199.)

Carol Smart denies that the law can produce real equality. Ann Scales is eloquent in her dismissal of change through the form of law:

> We should be especially wary when we hear lawyers, addicted to cognitive objectivity as they are, assert that women's voices have a place in the existing system. . . . The injustice of sexism is not irrationality; it is domination. Law must focus on the latter, and that focus cannot be achieved through a formal lens.

Christine Littleton advocates 'equality as acceptance', which emphasizes the consequences rather than the sources of difference, an approach that has obvious legal consequences in respect of equal pay and conditions of work.

Radical feminism seeks to expose the domination of women by 'asking the woman question' to expose the gender implications of rules and practices that might otherwise appear to be impartial or neutral.

Postmodern feminism

Postmodernists, we have seen, generally reject the idea of the 'subject'. And they exhibit an impatience with objective truths such as 'equality', 'gender', 'the law', 'patriarchy', and even 'woman'. Indeed, the very idea that things have properties which they must possess if they are to be that particular thing (i.e. that they have 'essences') is repudiated by many postmodernists. This 'essentialism' is discerned by postmodern feminists in the approach of radical feminists such as Catharine MacKinnon who argues that below the surface of women lies 'precultural woman'.

Drucilla Cornell and Frances Olsen draw on the work of Jacques Derrida and Julia Kristeva to construct what Cornell calls an 'imaginative universal' which transcends the essentialism of real experience and enters the realm of mythology. The maleness of law – the 'phallocentrism' of society – is a central theme in postmodern feminist writing. Katherine Bartlett identifies at least three feminist legal methods that are used in investigating the legal process: 'asking the woman question', 'feminist practical reasoning', and 'consciousness-raising'.

The first attempts to expose the gender implications of rules and practices that may appear to be neutral. Feminist practical reasoning challenges the legitimacy of the norms that, through rules, claim to represent the community, especially in cases of rape and domestic violence cases. Thirdly, consciousness-raising seeks to understand and reveal women's oppression.

Difference feminism

Difference (or cultural) feminism is uncomfortable with the liberal feminists' attachment to formal equality and gender. This position, it maintains, undermines the differences between men and women. Instead, difference feminism endeavours to reveal the unstated premises of the law's substance, practice, and procedure by exposing the miscellaneous kinds of discrimination implicit in the criminal law, the law of evidence, tort law, and the process of legal reasoning itself. This includes an attack on, for example, the concept of the 'reasonable man', the male view of female sexuality applied in rape cases, and the very language of the law itself.

It argues that equality is a more subtle and complex objective than liberals allow. Thus Carol Gilligan, a psychologist, demonstrates how women's moral values tend to stress responsibility, whereas men emphasize rights. Women look to context, where men appeal to neutral, abstract notions of justice. In particular, she argues, women endorse an 'ethic of care' which proclaims that no one should be hurt. This morality of caring and nurturing identifies and defines an essential difference between the sexes.

Difference feminism focuses upon the positive characteristic of women's 'special bond' to others, while radical feminism concentrates on the negative dimension: the sexual objectification of women, through, for example, pornography, which MacKinnon describes as 'a form of forced sex'.

Critical race theory

CRT originated in Madison, Wisconsin, in 1989 as a reaction against what it saw as the deconstructive excesses of CLS. Nevertheless, it is no less sceptical of Enlightenment ideas such as 'justice', 'truth', and 'reason'. Its mainspring, however, is the need to expose the law's pervasive racism; privileged white, middle-class academics, in its view, cannot fully uncover its nature and extent. Those who have themselves suffered the indignity and injustice of discrimination are the authentic voices of marginalized racial minorities. The law's formal constructs reflect, it is argued, the reality of a privileged, elite, male, white majority. It is this culture, way of life, attitude, and normative behaviour that combine to form the prevailing 'neutrality' of the law. A racial minority is condemned to the margins of legal existence.

CRT diverges most radically from full-blown postmodernist accounts (see above) in respect of the recognition by at least some of its members of the importance of conventional 'rights talk' in pursuit of equality and freedom. Its analysis of society and law therefore seems, in some cases, to be a partial one. This retreat from the postmodernist antagonism towards rights signifies an apparent readiness to embrace the ideals of liberty, equality, and justice. Several CRT adherents, however, evince profound misgivings about liberalism and the formal equality it aspires to protect, and a distaste for individual rights and other contents of the liberal package.

CRT scholarship often draws on 'auto/biography' to appraise social and legal relations. Patricia Williams, for example, amalgamates legal analysis and personal narrative to criticize legal subjectivity. CRT regards the hostility of traditional legal scholarship to the auto/biographical as a method by which to distance the law from the very social relations, especially racial and gender discrimination, that it generates.

15. The American civil rights movement of the 1960s ultimately achieved its principal objective of racial equality under the law.

An offshoot of CRT pursues the postcolonial thesis that the dismantling of colonial governments has failed to end the racial divisions and assumptions of these societies.

References

Chapter 1

A. Passerin D'Entrèves, *Natural Law* (1970), p. 116.

J. Finnis, *Natural Law and Natural Rights*, pp. 3, 34.

Cicero, *De Re Publica* 3. 22. 33.

Augustine, *City of God*, 4. 4.

Aquinas, *Summa Theologiae*, I/II. 96. 4.

Finnis, *Natural Law and Natural Rights* (1980), pp. 219–20, emphasis added.

Chapter 2

H. L. A. Hart, *The Concept of Law* (1994), pp. 210, 117, 57.

H. Kelsen, *Pure Theory of Law* (1967), pp. 201, 217.

'Hard' legal positivists maintain that all criteria of legality must be what Raz calls 'social sources', so the determination of whether something is 'law' cannot turn on a norm's content or substantive value or merit. The existence of a particular 'law', in other words, does not depend on whether it ought to be the law. 'Soft positivists' (or 'inclusive positivists' or 'incorporationists'), on the other hand, accept that some principles may be legally binding by virtue of their value or merit, but morality can be a condition of validity only where the rule of recognition so stipulates. See Jules Coleman, *The Practice of Principle* (2001), and the works listed in the 'Further reading' section by Waluchow, Himma, and Marmor.

J Raz, *The Authority of Law* (1979), pp. 37 ff.

Chapter 3

R. Dworkin, *Law's Empire* (1986), pp. 239, 22.
R. Dworkin, *Taking Rights Seriously* (1978), pp. 116–17.
R. Dworkin, *Law's Empire*, pp. 95–6, emphasis added.

Chapter 4

W. N. Hohfeld, *Fundamental Legal Conceptions as Applied in Judicial Reasoning*, ed. W. W. Cook (1964).

Justinian, *Corpus Juris Civilis:* The first quotation is from book 1, title 1, paragraph 10 of Justinian's Digest. The second is from the same source, book 1, title 2. The author is Ulpian. The translations are mine.

J. Bentham, *An Introduction to the Principles of Morals and Legislation* (1970), ch. 1, para 1.

The desert island example is adapted from Nigel Simmonds, *Central Issues in Jurisprudence* (2002), pp. 17–18.

The four criticisms are expressed by H. L. A. Hart, 'Between Utility and Rights', in his *Essays in Jurisprudence and Philosophy* (1982), pp. 200–2.

Chapter 5

Nicola Lacey, *A Life of H. L. A. Hart: The Nightmare and the Noble Dream* (OUP, 2004), pp. 230–1.

Max Weber on Law in Economy and Society (1954), pp. 5, 62 (shades of Dworkin?).

M. Weber, *The Religion of China* (1951), p. 149.

Max Weber on Law in Economy and Society, p. 225.

'Legal fetishism . . . ': I am here paraphrasing Balbus, 'Commodity Form and Legal Form: An Essay on the "Relative Autonomy of the Law"' (1977) 11 *Law and Society Review* 582.

K. Marx 'On the Jewish Question', in D. McLellan (ed.), *Karl Marx: Selected Writings* (OUP, 1977).

E. P. Thompson, *Whigs and Hunters* (Penguin, 1975), p. 266.

M. Foucault, *Discipline and Punish*, tr. A. Sheridan (Penguin, 1977), p. 167.

Chapter 6

'American realism . . . ': a similar distrust of metaphysical concepts reaches its apogee with the Scandinavian realists, whose chief protagonists include Axel Hägerström (1868–1939), Alf Ross (1899–1979), Karl Olivecrona (1897–1980), and A. V. Lundstedt (1882–1955). But, though the American realists are, in general, pragmatist and behaviourist, emphasizing 'law in action' (as opposed to legal conceptualism), the Scandinavians launch a philosophical assault on the metaphysical foundations of law; where the Americans are 'rule-sceptics', they are 'metaphysics-sceptics'. Yet we may legitimately group the two 'schools' together in one important respect: they both declare war on all absolute values (such as 'justice') and they are both empirical, pragmatic, and, of course, 'realistic'.

'four beliefs . . . ': these are described by David Trubek, 'CLS and Empiricism: Where the Action Is' in a symposium published in (1984) 36 *Stanford Law Review* 413.

Marital rape cases: *R* v. *R* [1992] 1 AC 599, House of Lords; *Smith* v. *Smith* 85 NJ 193, 426 A 2d 38 (1981).

A. Scales, 'The Emergence of Feminist Jurisprudence: An Essay' (1986) 95 *Yale Law Journal* 1373, 1385.

K. Bartlett, 'Feminist Legal Method' (1990) 103 *Harvard Law Review* 829.

R. Delgado and J. Stefanic, 'Critical Race Theory: An Annotated Bibliography' (1993) 79 *Virginia Law Review* 461.

Further reading

Introduction

Bix, Brian, *Jurisprudence: Theory and Context* (3rd edn., Sweet & Maxwell, 2003).

Christie, George C., and Patrick H. Martin (eds.), *Jurisprudence: Texts and Readings on the Philosophy of Law* (2nd edn., West Publishing, 1995).

Davies, H., and D. Holdcroft, *Jurisprudence: Texts and Commentary* (Butterworths, 1991).

Feinberg, Joel, and Jules Coleman (eds.), *Philosophy of Law* (7th edn., Wadsworth/Thomson Learning, 2003).

Freeman, M. D. A. (ed.), *Lloyd's Introduction to Jurisprudence* (7th edn., Sweet & Maxwell, 2001)

Harris, J. W., *Legal Philosophies* (2nd edn., Butterworths, 1997).

Hayman, R. L., N. Levit, and R. Delgado, *Jurisprudence, Classical and Contemporary: From Natural Law to Postmodernism* (2nd edn., West Publishing, 2002).

McCoubrey, H., and N. D. White, *Textbook on Jurisprudence* (3rd edn., Blackstone Press, 1999).

Penner, James, David Schiff, and Richard Nobles (eds.), *Introduction to Jurisprudence and Legal Theory: Commentary and Materials* (Butterworths, 2002).

Simmonds, N. E., *Central Issues in Jurisprudence: Justice, Law and Rights* (2nd edn., Sweet & Maxwell, 2002).

Wacks, Raymond, *Understanding Jurisprudence: An Introduction to Legal Theory* (OUP, 2005).

Chapter 1

Finnis, John *Natural Law and Natural Rights* (Clarendon Press, 1980).
— (ed.), *Natural Law* (in 2 vols., International Library of Essays in Law and Legal Theory, Dartmouth, 1991).
— 'Natural Law: The Classical Tradition' in Jules Coleman & Scott Shapiro (eds.), *The Oxford Handbook of Jurisprudence and Philosophy of Law* (OUP, 2002).
Fuller, Lon Luvois, *The Morality of Law* (rev. edn., Yale University Press, 1969).
George, Robert P., *In Defense of Natural Law* (OUP, 1999).
Passerin D'Entrèves, Alessandro, *Natural Law: An Introduction to Legal Philosophy* (2nd edn., Hutchinson, 1970).

Chapter 2

Austin, John, *The Province of Jurisprudence Determined and the Uses of the Study of Jurisprudence* (Weidenfeld & Nicolson, 1954).
Bentham, Jeremy, *A Fragment on Government; or, A Comment on the Commentaries* (2nd edn., W. Pickering, 1823).
— *An Introduction to the Principles of Morals and Legislation*, ed. J. H. Burns and H. L. A. Hart (Athlone Press, 1970).
— *Of Laws in General*, ed. H. L. A. Hart (Athlone Press, 1970).
Coleman, Jules (ed.), *Hart's Postscript: Essays on the Postscript to The Concept of Law* (OUP, 2001).
— *The Practice of Principle: In Defence of A Pragmatic Approach to Legal Theory* (OUP, 2001).
George, Robert P. (ed.), *The Autonomy of Law: Essays on Legal Positivism* (Clarendon Press, 1995).
Hart, H. L. A., *Essays on Bentham: Studies on Jurisprudence and Political Theory* (Clarendon Press, 1982).
— *The Concept of Law* (Clarendon Press, 1961); 2nd edn. by P. A. Bulloch and J. Raz (Clarendon Press, 1994).
Himma, Kenneth Einar, 'Inclusive Legal Positivism' in Jules Coleman

and Scott Shapiro (eds.), *The Oxford Handbook of Jurisprudence and Philosophy of Law* (OUP, 2002).
Jori, Mario (ed.), *Legal Positivism* (Dartmouth, 1992).
Kelsen, Hans, *General Theory of Law and State*, tr. Anders Wedberg (Harvard University Press, 1949)
— *Pure Theory of Law*, tr. Max Knight (University of California Press, 1967).
— *General Theory of Norms*, tr. M. Hartney (Clarendon Press, 1991).
— *Introduction to the Problems of Legal Theory*, tr. Bonnie Litschewski Paulson and S. L. Paulson (Clarendon Press, 1992).
Kramer, Matthew, *In Defense of Legal Positivism: Law without Trimmings* (OUP, 1999).
Marmor, Andrei, 'Exclusive Legal Positivism', in Jules Coleman and Scott Shapiro (eds.), *The Oxford Handbook of Jurisprudence and Philosophy of Law* (OUP, 2002).
Morison, W. L., *John Austin* (Edward Arnold, 1982).
Postema, Gerald J., *Bentham and the Common Law Tradition* (Clarendon Press, 1986).
Raz, Joseph, *The Authority of Law* (OUP, 1979).
— *The Concept of Legal System: An Introduction to the Theory of Legal System* (2nd edn., Clarendon Press, 1980).
— *The Morality of Freedom* (OUP, 1986).
— *Ethics in the Public Domain* (OUP, 1994).
— *Practical Reason and Norms* (OUP, 1999).
— *Engaging Reason: On the Theory of Value and Action* (OUP, 2000).
— *Value, Respect, and Attachment* (Cambridge University Press, 2001).
Tur, Richard, and William Twining (eds.), *Essays on Kelsen* (Clarendon Press, 1986).
Waldron, Jeremy (ed.), *Nonsense upon Stilts: Bentham, Burke and Marx on the Rights of Man* (Methuen, 1987).
Waluchow, W. J., 'Authority and the Practical Difference Thesis: A Defence of Inclusive Legal Positivism' (2000) 6 *Legal Theory* 45, pp. 76–81.
— *Inclusive Legal Positivism* (1994).

Chapter 3

Cohen, Marshall (ed.), *Ronald Dworkin and Contemporary Jurisprudence* (Duckworth, 1984).

Dworkin, Ronald, *Taking Rights Seriously*, new impression with a reply to critics (Duckworth, 1978).

— *A Matter of Principle* (Harvard University Press, 1985).

— *Law's Empire* (Belknap Press, 1986).

— *Life's Dominion: An Argument about Abortion and Euthanasia* (Harper Collins, 1993).

Guest, Stephen, *Ronald Dworkin* (2nd edn., Edinburgh University Press, 1997).

Chapter 4

Rights

Dworkin, Ronald, *Taking Rights Seriously*, new impression with a reply to critics (Duckworth, 1978).

— *A Matter of Principle* (Harvard University Press, 1985).

Hohfeld, Wesley Newcomb, *Fundamental Legal Conceptions as Applied in Judicial Reasoning*, ed. W. W. Cook (Yale University Press, 1964; also in (1913) 23 *Yale Law Journal* 28).

Simmonds, N. E., *Central Issues in Jurisprudence: Law, Justice, Law and Rights* (2nd edn., Sweet & Maxwell, 2002).

Waldron, Jeremy (ed.), *Theories of Rights* (OUP, 1984).

White, A. R., *Rights* (Clarendon Press, 1984).

Justice

Daniels, Norman (ed.), *Reading Rawls: Critical Studies on Rawls'* A Theory of Justice (Basil Blackwell, 1975).

Hart, H. L. A., 'Between Utility and Rights', in H. L. A. Hart, *Essays in Jurisprudence and Philosophy* (Clarendon Press, 1982).

Morawetz, Thomas (ed.), *Justice* (Dartmouth, 1991).

Nozick, Robert, *Anarchy, State, and Utopia* (Basil Blackwell, 1974).

Polinsky, A. M., *An Introduction to Law and Economics* (Little, Brown & Co., 1983).

Posner, Richard A., *The Economic Analysis of Law* (2nd edn., Little, Brown & Co., 1977).
—— *The Economics of Justice* (Harvard University Press, 1981).
Rawls, John, *A Theory of Justice* (OUP, 1973).
—— *Political Liberalism* (Columbia University Press, 1993).
Raz, Joseph, *The Authority of Law: Essays on Law and Morality* (Clarendon Press, 1979).

Chapter 5

Cain, Maureen, and Hunt, Alan, *Marx and Engels on Law* (Academic Press, 1979).
Campbell, Tom, *The Left and Rights: A Conceptual Analysis of the Idea of Socialist Rights* (Routledge & Kegan Paul, 1983).
Collins, Hugh, *Marxism and Law* (Clarendon Press, 1982).
Cotterrell, Roger, *The Sociology of Law: An Introduction* (Butterworths, 1984).
—— *Law's Community: Legal Theory in Sociological Perspective* (Clarendon Press, 1995).
Durkheim, Émile, *The Division of Labour in Society*, tr. George Simpson (Collier-Macmillan, 1964).
Hunt, Alan, *The Sociological Movement in Law* (Macmillan, 1978).
Kronman, Anthony R., *Max Weber* (Edward Arnold, 1983).
Lukes, Steven, and Andrew Scull (eds.), *Durkheim and the Law* (Martin Robertson, 1983).
Marx, Karl, *Capital*, tr. B. Fowkes and D. Fembach (Penguin Books and Random House, 1976).
Weber, Max, *The Religion of China: Confucianism and Taoism*, tr. and ed. Hans H. Gerth (Free Press, 1951).
—— *Max Weber on Law in Economy and Society*, ed. Max Rheinstein, tr. Edward Shils and Max Rheinstein (Harvard University Press, 1954).
—— *Economy and Society: An Outline of Interpretive Sociology*, ed. Guenther Roth and Claus Wittich (Bedminister Press, 1968).

Chapter 6

Realism

Neil Duxbury, *Patterns of American Jurisprudence* (Clarendon Press, 1995).

Fisher, W. W., M. J. Horwitz, and T. A. Reed (eds.), *American Legal Realism* (OUP, 1993).

Llewellyn, Karl N., 'Some Realism about Realism' (1931) 44 *Harvard Law Review* 1222.

Olivecrona, Karl, *Law as Fact* (2nd edn., Stevens & Sons, 1971).

Ross, Alf, *On Law and Justice*, tr. Margaret Dutton (Stevens & Sons, 1958).

Rumble, Wilfred E., *American Legal Realism: Skepticism, Reform, and the Judicial Process* (Cornell University Press, 1968).

Twining, William, *Karl Llewellyn and the Realist Movement* (Weidenfeld & Nicolson, 1973).

Critical legal studies

Boyle, James D. A. (ed.), *Critical Legal Studies* (Dartmouth, 1992).

Kairys, David (ed.), *The Politics of Law: A Progressive Critique* (Pantheon Books, 1982).

Kelman, Mark, *A Guide to Critical Legal Studies* (Harvard University Press, 1987).

Norrie, Alan (ed.), *Closure or Critique: New Directions in Legal Theory* (Edinburgh University Press, 1993).

Unger, Roberto, 'The Critical Legal Studies Movement' (1983) 96 *Harvard Law Review* 561.

— *False Necessity: Anti-Necessitarian Social Theory in the Service of Radical Democracy* (Cambridge University Press, 1987).

Postmodern legal theory

Lacan, Jacques, *The Four Fundamental Concepts of Psychoanalysis*, tr. A Sheridan (Penguin, 1979).

Lyotard, Jean-François, *The Postmodern Condition: A Report on Knowledge* (Manchester University Press, 1984).

Patterson, Dennis (ed.), *Postmodernism and Law* (Dartmouth, 1994).

Rorty, Richard, *Philosophy and the Mirror of Nature* (Basil Blackwell, 1990).

Feminist legal theory

Bartlett, Katherine, 'Tradition, Change, and the Idea of Progress in Feminist Legal Thought' (1995) *Wisconsin Law Review* 303.

Gilligan, Carol, *In a Different Voice: Psychological Theory and Women's Development* (Harvard University Press, 1982).

Kingdom, Elizabeth F., *What's Wrong with Rights? Problems for Feminist Politics of Law* (Edinburgh University Press, 1991).

Lacey, Nicola (ed.), *Unspeakable Subjects: Feminist Essays in Legal and Social Theory* (Hart Publishing, 1998).

MacKinnon, Catharine, *Feminism Unmodified: Discourses on Life and Law* (Harvard University Press, 1987).

— *Towards a Feminist Theory of the State* (Harvard University Press, 1989).

Olsen, Frances E., 'Feminism and Critical Legal Theory: An American Perspective' (1990) 18 *International Journal of the Sociology of Law* 199.

— (ed.), *Feminist Legal Theory* (Dartmouth, 1994).

Rhode, Deborah, *Justice and Gender: Sex Discrimination and the Law* (Harvard University Press, 1989).

— 'Feminist Critical Theories' (1990) 42 *Stanford Law Review* 617.

Scales, Anne, 'The Emergence of Feminist Jurisprudence: An Essay' (1986) 95 *Yale Law Journal* 1373.

Smart, Patricia, *Feminist Jurisprudence* (Clarendon Press, 1993).

Critical Race Theory

Delgado, Richard, and Jean Stefanic, 'Critical Race Theory: An Annotated Bibliography' (1993) 79 *Virginia Law Review* 461.

— (eds.), *Critical White Studies: Looking Behind the Mirror* (Temple University Press, 1997).

Harris, Angela P., 'Race and Essentialism in Feminist Legal Theory' (1990) 42 *Stanford Law Review* 581.

[illegible] 1968).

Feminist legal theory

[illegible]

“牛津通识读本”已出书目

古典哲学的趣味
人生的意义
文学理论入门
大众经济学
历史之源
设计，无处不在
生活中的心理学
政治的历史与边界
哲学的思与惑
资本主义
美国总统制
海德格尔
我们时代的伦理学
卡夫卡是谁
考古学的过去与未来
天文学简史
社会学的意识
康德
尼采
亚里士多德的世界
西方艺术新论
全球化面面观
简明逻辑学
法哲学：价值与事实
政治哲学与幸福根基
选择理论
后殖民主义与世界格局

福柯
缤纷的语言学
达达和超现实主义
佛学概论
维特根斯坦与哲学
科学哲学
印度哲学祛魅
克尔凯郭尔
科学革命
广告
数学
叔本华
笛卡尔
基督教神学
犹太人与犹太教
现代日本
罗兰·巴特
马基雅维里
全球经济史
进化
性存在
量子理论
牛顿新传
国际移民
哈贝马斯
医学伦理
黑格尔

地球
记忆
法律
中国文学
托克维尔
休谟
分子
法国大革命
民族主义
科幻作品
罗素
美国政党与选举
美国最高法院
纪录片
大萧条与罗斯福新政
领导力
无神论
罗马共和国
美国国会
民主
英格兰文学
现代主义
网络
自闭症
德里达
浪漫主义
批判理论

德国文学	儿童心理学	电影
戏剧	时装	俄罗斯文学
腐败	现代拉丁美洲文学	古典文学
医事法	卢梭	大数据
癌症	隐私	洛克
植物	电影音乐	幸福
法语文学	抑郁症	免疫系统
微观经济学	传染病	银行学
湖泊	希腊化时代	景观设计学
拜占庭	知识	神圣罗马帝国
司法心理学	环境伦理学	大流行病
发展	美国革命	亚历山大大帝
农业	元素周期表	气候
特洛伊战争	人口学	第二次世界大战
巴比伦尼亚	社会心理学	中世纪
河流	动物	工业革命
战争与技术	项目管理	传记
品牌学	美学	公共管理
数学简史	管理学	社会语言学